Maurice Gemein

Entscheidungsgrundlage für eine EDIFACT-Einführun
Subsets EANCOM

I0007122

**Bibliografische Information der Deutschen Nationalbibliothek:**

Bibliografische Information der Deutschen Nationalbibliothek: Die Deutsche Bibliothek verzeichnet diese Publikation in der Deutschen Nationalbibliografie; detaillierte bibliografische Daten sind im Internet über http://dnb.d-nb.de/ abrufbar.

Copyright © 1996 Diplomica Verlag GmbH
Druck und Bindung: Books on Demand GmbH, Norderstedt Germany
ISBN: 9783838603636

http://www.diplom.de/e-book/216344/entscheidungsgrundlage-fuer-eine-edifact-einfuehrung-durch-den-einsatz

Maurice Gemein

# Entscheidungsgrundlage für eine EDIFACT-Einführung durch den Einsatz des Subsets EANCOM

Maurice Gemein

# Entscheidungsgrundlage für eine EDIFACT-Einführung durch den Einsatz des Subsets EANCOM

**Diplomarbeit**
**an der Rheinisch-Westfälischen Technischen Hochschule Aachen**
**Dezember 1996 Abgabe**

***Diplomarbeiten* Agentur**
**Dipl. Kfm. Dipl. Hdl. Björn Bedey**
**Dipl. Wi.-Ing. Martin Haschke**
**und Guido Meyer GbR**

**Hermannstal 119 k**
**22119 Hamburg**

**agentur@diplom.de**
**www.diplom.de**

ID 363

ID 363
Gemein, Maurice: Entscheidungsgrundlage für eine EDIFACT-Einführung durch den Einsatz des Subsets EANCOM / Maurice Gemein –
Hamburg: Diplomarbeiten Agentur, 1997
Zugl.: Aachen, Technische Universität, Diplom, 1996

Dipl. Kfm. Dipl. Hdl. Björn Bedey, Dipl. Wi.-Ing. Martin Haschke & Guido Meyer GbR
Diplomarbeiten Agentur, http://www.diplom.de, Hamburg
Printed in Germany

**Diplomarbeiten** Agentur

# Wissensquellen gewinnbringend nutzen

**Qualität, Praxisrelevanz und Aktualität** zeichnen unsere Studien aus. Wir bieten Ihnen im Auftrag unserer Autorinnen und Autoren Wirtschaftsstudien und wissenschaftliche Abschlussarbeiten – Dissertationen, Diplomarbeiten, Magisterarbeiten, Staatsexamensarbeiten und Studienarbeiten zum Kauf. Sie wurden an deutschen Universitäten, Fachhochschulen, Akademien oder vergleichbaren Institutionen der Europäischen Union geschrieben. Der Notendurchschnitt liegt bei 1,5.

**Wettbewerbsvorteile verschaffen** – Vergleichen Sie den Preis unserer Studien mit den Honoraren externer Berater. Um dieses Wissen selbst zusammenzutragen, müssten Sie viel Zeit und Geld aufbringen.

**http://www.diplom.de** bietet Ihnen unser vollständiges Lieferprogramm mit mehreren tausend Studien im Internet. Neben dem Online-Katalog und der Online-Suchmaschine für Ihre Recherche steht Ihnen auch eine Online-Bestellfunktion zur Verfügung. Inhaltliche Zusammenfassungen und Inhaltsverzeichnisse zu jeder Studie sind im Internet einsehbar.

**Individueller Service** – Gerne senden wir Ihnen auch unseren Papierkatalog zu. Bitte fordern Sie Ihr individuelles Exemplar bei uns an. Für Fragen, Anregungen und individuelle Anfragen stehen wir Ihnen gerne zur Verfügung. Wir freuen uns auf eine gute Zusammenarbeit

### Ihr Team der *Diplomarbeiten* Agentur

Dipl. Kfm. Dipl. Hdl. Björn Bedey —
Dipl. Wi.-Ing. Martin Haschke ——
und Guido Meyer GbR ————

Hermannstal 119 k ————
22119 Hamburg ————

Fon: 040 / 655 99 20 ————
Fax: 040 / 655 99 222 ————

agentur@diplom.de ————
www.diplom.de ————

# Inhaltsverzeichnis

Seite

## 1    Grundlagen der elektronischen Datenübertragung

## 2    Von EDIFACT zu EANCOM

# 3     EANCOM - Einführung in ein Handelsunternehmen

# Verzeichnis der Tabellen

# Verzeichnis der Abbildungen

# Verzeichnis der Abkürzungen

| | |
|---|---|
| ASCII | American Standard Code for Information Interchange |
| bbn | Betriebsnumerierung |
| bbs | Betriebsstellennumerierung |
| bzw. | beziehungsweise |
| CCG | Centrale für Coorganisation |
| CD-WORM | Compact Disk - write once, read multiple |
| DEDIG | Deutsche EDI-Gesellschaft e.V. |
| DFÜ | Datenfernübertragung |
| DIN | Deutsches Institut für Normung e.V. |
| DM | Deutsche Mark |
| DV | Datenverarbeitung |
| EAN | European Article Numbering |
| EANCOM | Internationaler Verband der Artikelnumerierung |
| EDI | Electronic Data Interchange |
| EDIFACT | Electronic Data Interchange for Administration Commerce and Transport |
| EDV | Elektronische Datenverarbeitung |
| ELFE | elektronische Fernmelderechnung |
| f. | folgende |
| ff. | fortfolgende |
| FHG | Fach-Handels-Gesellschaft mbH & Co. |
| GHF | Bundesverband Großhandel Heim & Farbe e.V. |
| ILN | internationale Lokationsnummer |
| INVOIC | UN/EDIFACT-Nachrichtentyp "Rechnung" |
| ISDN | Integrated Services Digital Network |
| ISO | International Standards Organization |
| Kbit | Kilobit = 1024 bits |
| Mbyte | Megabyte |
| Mio. | Millionen |
| MNP | Microcom Networking Protocol |
| ORDERS | UN/EDIFACT-Nachrichtentyp "Bestellung" |
| PC | Personalcomputer |
| PRICAT | UN/EDIFACT-Nachrichtentyp "Artikeldaten" |
| S. | Seite |
| SEDAS | Standardregelungen Einheitlicher Datenaustausch-Systeme |
| SQL | Structured Query Language |
| Tab. | Tabelle |

| | |
|---|---|
| UN | United Nations |
| UN/EDIFACT | United Nations/Electronic Data Interchange for Administration Commerce and Transport |
| usw. | und so weiter |
| VAN | Value Added Network |
| VANS | Value Added Network Services |

# Einleitung

Mit dem Einsatz des Computers wurde der Wunsch nach einer papierlosen Bürowelt geweckt. Ein Ziel, das aufgrund einer sich entwickelnden Papierflut, verursacht durch die elektronische Datenverarbeitung, bisher nicht verwirklicht werden konnte.

Möglicherweise ist eine genormte elektronische Datenübertragung die Lösung. Dabei findet ein Datenaustausch ohne Papierunterlagen und somit ohne Benutzung der gelben Post, sondern unter Ausnutzung von Kommunikationsverbindungen und allgemeingültigen Datennormierungen statt.

Ist ein papierloses Büro überhaupt zu erreichen oder stehen Akzeptanzprobleme elektronischer Daten und der sich daraus ergebenden neuen Organisationsstrukturen dem entgegen? Wie allgemeingültig und verständlich sind geschaffene Normen der Datenübertragung? Wird ein elektronischer Datenaustausch gebraucht und welchen Nutzen bringt er einem Unternehmen?

Abbildung 1: Communication History

**<u>Communication - History</u>**

| | |
|---|---|
| 1896: | "Telephone?!! Who needs a Telephone?!!" |
| 1955: | "We can live without computers." |
| 1975: | "Overnight delivery? The mail is fast enough " |
| 1986: | "Is a FAX machine really necessary?" |
| 1990: | "EDI! Are you crazy?" |

Quelle: Mellon Bank, USA

Quelle: Müller-Berg, EDI - Neue Kommunikationstechnologien gewinnen zunehmend an Bedeutung, in zfo 61. Jg. 1992, S. 185, Bild 12.

Die folgende Ausarbeitung soll die theoretischen Grundlagen einer elektronischen Datenübertragung, kurz EDI (Electronic Data Interchange), erläutern und die Einführung des Subsets der Konsumgüterwirtschaft in einem Handelsunternehmen der Teppichbodenbranche darstellen.

# 1 Grundlagen der elektronischen Datenübertragung

## 1.1 Grundsätzliche Angaben zu EDI

### 1.1.1 Electronic Data Interchange

Als elektronischen Datenaustausch, kurz EDI, wird der Austausch von Handelsdaten zwischen Computern der beteiligten Geschäftspartnern unter Verzicht auf die bisher üblichen Papierdokumente verstanden. Dabei umfaßt EDI nicht nur die einfache Übertragung, sondern schließt auch die Generierung, die Bearbeitung und die Auswertung von Daten ein.[1] Das heißt, EDI beinhaltet den interventionsfreien Austausch strukturierter Daten durch die Nutzung der elektronischen Datenübertragung zwischen Softwareprogrammen beteiligter Unternehmen.[2] Dabei liegt die Betonung auf "strukturierte Daten", denn nur in dieser Form können Daten problemlos und ohne Fehler ausgetauscht werden.[3] Die Verbindung der Anwendungen erfolgt unabhängig von der eingesetzten Hardware, der Software und den Kommunikationsnetzen unter Ausnutzung der Möglichkeiten der Datenverarbeitung und der Telekommunikation.[4] EDI steht für elektronische Informationsflüsse in maschinenlesbarer und standardisierter Form, die über die Unternehmensgrenzen hinweg Geschäftsprozesse steuern.[5] Die Information wird zunehmend als weiterer Produktionsfaktor neben den klassischen Produktionsfaktoren Arbeit, Boden und Kapital gesehen und die schnelle Verfügbarkeit durchgängiger Informationsstrukturen wird wichtiger.[6]

### 1.1.2 Festgelegte Normen

Die vielfältigen Geschäftsnachrichten werden mittlerweile zwar computerunterstützt erstellt, jedoch hat sich der eigentliche Kommunikationsvorgang der Zusendung mittels privater oder

---

[1] Jonas, Datenfernübertragung mit Personal Computern, 1992, S. 231.

[2] Schmoll, Handelsverkehr - elektronisch, weltweit, 1994, S. 15.

[3] Deutsche Telekom AG (Hrsg.), EDISEC, 1996.

[4] Müller-Berg, Electronic Data Interchange (EDI), in Zeitschrift Führung und Organisation Nr. 3, 1993, S. 179.

[5] Killer, Unternehmensübergreifende Geschäftsprozeßoptimierung, in EDI in der Praxis, 1994, S. 68.

[6] Warsch, EDI: Neue Potentiale in Geschäftsbeziehungen, in EDI in der Praxis, 1994, S. 100.

öffentliche Zustelldienste nicht verändert. Um die Wiedererfassung der schriftlichen Informationen in den Unternehmen einzusparen, werden häufig Datenträger, meist auf dem Postweg, ausgetauscht. Für die Datenelemente, beispielsweise auf Magnetbändern oder Disketten, mußten zwischen den beteiligten Firmen Absprachen über Struktur und Darstellungsform getroffen werden.[7] Die Möglichkeit der Telekommunikation, Daten elektronisch zwischen Computersystemen direkt auszutauschen, erhöht die Kommunikations-geschwindigkeit. Damit ist aber in den seltensten Fällen eine Weiterverarbeitung ohne Medienbruch in den Betrieben möglich. Dafür sind weiterhin individuelle Absprachen notwendig, die zum Teil durch spezifische Lösungen von Branchenverbänden ersetzt werden. Diese eingeführten Standards gelten nur branchenbezogen und häufig nur national begrenzt.[8] Die Bezeichnung "Medienbruch" bedeutet im Rahmen der Büroarbeit die Formatänderung einer Informationsdarstellung ohne inhaltliche Veränderung. Typische Medienbrüche sind das nochmalige Erfassen von Daten, um eine andere Darstellungsform zu erreichen, die bereits als Ausdruck, Tabelle, Grafik oder in einem Formular vorliegen.[9]

### 1.1.3 EDI-Kooperationen und Branchenverbände

Um die Bestrebungen zur Standardisierung von EDI zu koordinieren, wurde ein von Industrie und Handel paritätisch getragener Rationalisierungsverband, die Centrale für Coorganisation (CCG), gegründet. Dieses Nonprofit-Institut entwickelt die Empfehlungen für die Konsumgüterwirtschaft.[10] Ziel des Unternehmens ist die Förderung eines rationellen und vereinheitlichten Informationsaustausches in der Wirtschaft, insbesondere der Aufbau, die Unterhaltung und Weiterentwicklung einheitlicher Artikel- und Betriebsnummernsysteme.[11] Zu den Aufgaben zählen die Verwaltung der Betriebs- und Betriebsstellennumerierung (bbn und bbs) , sowie die Europäische Artikelnumerierung (EAN). Daneben ist der Verband für die Erarbeitung von Standardregelungen einheitlicher Datenaustauschsysteme (SEDAS) zuständig,

---

[7] Schmoll, Handelsverkehr - elektronisch, weltweit, 1994, S. 24 ff.

[8] Ebd., S. 26 ff.

[9] Warsch, Planung rechnerunterstützter Kommunikation im Unternehmensverbund, 1992, S. 18.

[10] Schmoll, Handelsverkehr - elektronisch, weltweit, 1994, S. 96.

[11] Zitiert aus Die Centrale für Coorganisation (Hrsg.), Arbeitsbericht 1994, S. 1.

die im Handel seit Jahren erfolgreich verwendet werden.[12]

Überdies wurde 1993 eine eigene EDI-Gesellschaft, die DEDIG (Deutsche EDI-Gesellschaft e.V. mit Sitz in Berlin) durch eine Initiative des Bundesministeriums für Wirtschaft, des Deutschen Industrie- und Handelstages e.V. und des DIN Deutsches Institut für Normung e.V. gegründet. Als Aufgaben sind die Förderung und Unterstützung des elektronischen Datenaustausches als Instrument zur Kostenreduzierung und qualitativen Optimierung von Geschäftsprozessen zur Verbesserung der Wettbewerbsfähigkeit definiert.[13] Neben Seminaren, Informationsveranstaltungen und Kongressen, veröffentlicht die Gesellschaft eine Zeitschrift für den elektronischen Datenaustausch, die den Namen "x-change" trägt.[14] Die Institution bemüht sich vor allem durch ihre Öffentlichkeitsarbeit um einen branchenübergreifenden Einsatz von EDI.[15] In einem Informations- und Erfahrungsaustausch über EDI, etwa in einer Arbeitsgruppe, sollten Kooperationen mit Anwendern eingegangen werden. Solche Gemeinschaften werden häufig von Verbänden oder Branchenvereinigungen initiiert.[16]

So hat beispielsweise der Bundesverband Großhandel Heim & Farbe e.V. im Juli 1995 eine Arbeitsgruppe, den Infopool, eingerichtet und EDI-Pilotprojekte gestartet. Die Pilotprojekte haben das Ziel, mit interessierten Firmen und unter professioneller Leitung das EDI-Verfahren einzuführen. Die Teilnehmer harmonisieren den produktspezifischen Regelungsbedarf, der trotz aller Standardisierungen noch gegeben ist.[17] An den Projekten sind deshalb auch Firmen beteiligt, die EDI bereits einsetzen und an der Mitgestaltung eines Branchenstandards interessiert sind. Die gewonnenen organisatorischen Erfahrungen, Ergebnisse und Erkenntnisse der Anwender werden im Infopool gesammelt und an alle EDI-Teilnehmern weitergereicht.[18] Alle branchenspezifischen Besonderheiten werden im Infopool registriert, auf Kompatibilität zu bestehenden EDI-Normierungen überprüft und gegebenenfalls mit den Normungsgremien abgestimmt. Für spezielle Problemstellungen werden Musterlösungen erstellt und an die

---

[12] Schmoll, Handelsverkehr - elektronisch, weltweit, 1994, S. 96.

[13] Dorner, Deutsche EDI-Gesellschaft e.V., in EDI in der Praxis, 1994, S. 120.

[14] Deutsch, Unternehmenserfolg mit EDI, 1995, S. 6.

[15] Ebd., S. 25.

[16] Schmoll, Handelsverkehr - elektronisch, weltweit, 1994, S. 243.

[17] GHF (Hrsg.), EDIFACT - ein Stiefkind der Branche?, in GHF-Report Nr. 5, 1996, S. 1.

[18] Plümer, EDIFACT ante portas, in edi-change Nr. 4, 1995, S. 51 f.

beteiligten Partner weitergegeben. [19]


## 1.2 Ziele von EDI


### 1.2.1 Allgemeine Vorteile

Der Vorteil des elektronischen Datenaustausches liegt im allgemeinen bei Vereinfachungen interner Abläufe, den Vorteilen aus kürzeren Lieferzeiten, dem Erhalt umfangreicher Informationen oder der Reduzierung von Aufwand und Fehlerhäufigkeit bei Erfassungen. Allerdings wird dieser erhoffte betriebswirtschaftliche Nutzen nur dann erreicht, wenn sich eine Vielzahl von Partnern für EDI entscheiden und die Einführung des Systems in einem angemessenen zeitlichen Rahmen realisieren. Dabei liegt die Schwierigkeit häufig darin, daß einzelne Anwendungen, die intern zu Ersparnissen führen, dem Partner keine oder nur geringe Vorteile bringen. [20]

Im Idealfall sollte die gesamte Kette der Geschäftsfälle auf EDI umgestellt werden. Das bringt dann den großen Vorteil, daß die Daten, die den Waren- oder Geldfluß begleiten, nirgends mehr neu erfaßt werden müssen. [21] Aufgrund der erhöhten Transparenz zwischen Hersteller und Lieferanten führt EDI zu einer engeren Anbindung an den Informationsfluß des jeweiligen Unternehmens. Der Datenfluß unterstützt gleichfalls das Vertriebssystem eines Unternehmens bei seiner Markt- und Kundenorientierung. [22] So können beispielsweise eingehende Bestellungen direkt in das Inhouse-System eingelesen werden, um dann eine geeignete Reaktion, wie die Auftragsbestätigung oder eine Bestelländerung (mit anderem Liefertermin) hervorzurufen. Die auftragsbezogene Lagerhaltung führt zu einer Flexibilisierung und Beschleunigung der damit verbundenen Vorgänge. [23]

---

[19] Plümer, EDIFACT ante portas, in edi-change Nr. 4, 1995, S. 53.

[20] Deutsch, Unternehmenserfolg mit EDI, 1995, S. 13.

[21] Ebd., S. 14.

[22] Scheuber, EDIFACT liefert die Grundlage für Lean-Management, in PC-Magazin Nr. 1/2, 1995, S. 36.

[23] Höfling, Mit EDI sparen nicht nur Großbetriebe Kosten, in PC-Magazin Nr. 41, 1995, S. 42.

Vor allem in Hinblick auf ein vereintes Europa werden die Vorteile noch deutlicher. Der zeitliche Vorsprung ist enorm und durch die Standardisierung der Formulare können mögliche Sprachbarrieren überwunden werden.[24] Durch die Internationalisierung von Absatz- und Beschaffungsmärkten sehen sich viele Unternehmen mit einem steigenden Kommunikationsaufwand konfrontiert, den es zu bewältigen gilt.[25] Vor allem die Sprachunterschiede, nationale Besonderheiten in der Abwicklung und die statistische Erfassung der Warenverkehre durch die Administration werden die freie Abwicklung, auch innerhalb der Europäischen Union mit ihrer angestrebten Marktharmonisierung, erschweren.[26]

## 1.2.2 Branchenvorteile

Die Automobilbranche ist Vorreiter für den elektronischen Datenaustausch, ohne den eine Just-in-time-Belieferung mit Feinabrufen überhaupt nicht möglich wäre. Zu den kurzen Lieferzeiten führten die immer mehr ineinanderübergreifenden Produktionsprozesse bei Herstellern und Lieferanten.[27] Voraussetzung für ein Just-in-time-Konzept ist selbstverständlich eine "Just-In-Time-Communication".[28] In diesem Zusammenhang sei auch die Pflichtanforderung "EDI-Fähigkeit" der Zulieferer in der Automobilbranche genannt. Ohne EDI kann keine Geschäftsverbindung aufgebaut werden. Verständlich, wenn man bedenkt, daß ein Auto aus circa 10.000 Einzelteilen besteht und diese zum richtigen Zeitpunkt am richtigen Ort sein müssen - eine Just-in-time-Anforderung, die durch die bestehenden Abwicklungsformen und ohne EDI undenkbar ist.[29] Zwischenzeitlich haben aber auch andere Branchen, wie Chemie-, Elektronik-, Transport - sowie der gesamte Finanzdienstleistungsbereich, die Vorteilhaftigkeit und strategische Bedeutung von EDI erkannt.[30]

Im Handel sind es vor allem die Kooperationszentralen und Zentralfakturierungsgesellschaften, die den EDI-Einsatz vorantreiben und in den kommenden Jahren durchsetzen werden. Der

---

[24] Deutsche Telekom AG (Hrsg.), Die Welt spricht eine gemeinsame Sprache: EDI, in ISDN. Der Katalog Nr. 1, 1996, S. 25.

[25] Bürger, Schaffung von Wettbewerbsvorteilen durch EDIFACT, in Office Management Nr. 12, 1994, S. 51.

[26] Gallasch, EDI - Die innerbetriebliche Komponente, in EDIFACT Einführung, 1991, S. 59.

[27] Deutsch, Unternehmenserfolg mit EDI, 1995, S. 9.

[28] Bürger, Schaffung von Wettbewerbsvorteilen durch EDIFACT, in Office Management Nr. 12, S. 52.

[29] Seeburger, Einheitssprache "EDIFACT", in Gateway, 1999, S. 106 f.

[30] Müller-Berg, Electronic Data Interchange (EDI), in Zeitschrift Führung und Organisation Nr. 3, 1993, S. 178.

Grund ist denkbar einfach, denn gerade bei diesen Verbundsgruppen laufen eine Vielzahl von Rechnungen zusammen. Diese müssen dort mit dem Ziel einer möglichst schnellen Weiterberechnung an die Mitglieder nochmals bearbeitet werden und bieten damit den idealen Ansatz für einen elektronischen Datenaustausch. Es ist anzumerken, daß der EDI-Einsatz die steigenden Kosten der Zentrale in Grenzen hält, die Einsparungen aber in den seltensten Fällen an die Mitglieder weitergegeben werden.[31]

### 1.2.3 Firmenspezifische Vorteile

Schon der Dokumentenaustausch ohne Papierbelege in Form von elektronischer Übertragung bringt für die reine Geschäftsabwicklung eine Reihe von Vorteilen. Die Dauer der Übertragung sinkt weltweit auf wenige Minuten. Vor allem im Bereich der Bestellabwicklung und der zügigen Weiterverarbeitung sind solche Zeitvorteile mit Wettbewerbsvorteilen gleichzusetzen, denn eine schnellere Abwicklung führt zu einer kürzeren Lieferzeit. Auch im klassischen Anwendungsgebiet, der Rechnungsübertragung, verkürzt eine rasche Versendung per Datentransfer die Zeit zwischen Rechnungsstellung und Bezahlung.[32]

"Ein Mensch benötigt für die Kontrolle eines Dokuments (Bestellung gegen Angebot, Lieferschein gegen Bestellung, Rechnung gegen Lieferschein und so weiter) zirka fünf bis zehn Minuten, ein Rechner ebensoviel Sekunden, sofern alle diese Dokumente in definierter Form, zum Beispiel im EDIFACT-Format, vorliegen." [Zitat][33]

So gibt es in fast allen Abteilungen Einsatzmöglichkeiten von EDI, wenn auch nur in Geschäftsfällen mit Routinecharakter, weil die Datenstruktur genormt und damit beschränkt ist, angefangen in der Finanzbuchhaltung beim Empfang oder Erhalt von Zahlungsanweisungen, in der Personalabteilung bei der Weiterleitung von Gehaltszahlungen und Sozialabgaben oder auch in der Produktionssteuerung beim Erhalt von Bestellungen.[34] Vor allem Einkaufsverbände und sogenannte Zentralfakturierer erhoffen sich vom elektronischen

[31] Deutsch, Steiniger Weg zur Rationalisierung, in Einzelhandelsberater Nr. 6, 1996, S. 26.

[32] Deutsch, Unternehmenserfolg mit EDI, 1995, S. 15 f.

[33] Rauszus, EDI - Endlose Diskussion statt Innovation, in Office Management Nr. 4; 1994, S. 36.

[34] Güc, Elektronischer Datenaustausch hilft auch kleinen Unternehmen zu sparen, in Die Computer Zeitung Nr. 29, S. 21.

Austausch einen entscheidenden Vorteil. Sie haben einen hohen Personalaufwand bei der Datenerfassung, der durch Lieferantenrechnungen im EDI-Format herabzusetzen ist. Desweiteren kann auch die Fehleranfälligkeit, die bei manueller Eingabe vorliegt, reduziert werden.[35]

Auf lange Sicht können sich nur durch einen schnellen Austausch von Geschäftsdaten neue und engere Kundenanbindungen ergeben.[36] Der Nutzen für ein Unternehmen liegt dann in der optimalen Befriedigung der Kundenwünsche und einer erhöhten Reaktionsgeschwindigkeit auf die sich ändernde Marktbedingungen. Nur der rechtzeitige Einsatz von EDI ist als Chance für einen Wettbewerbsvorteil gegenüber der Konkurrenz zu sehen.[37]

## 1.3 Übertragungsmedien

### 1.3.1 Technische Voraussetzungen zur Übertragung

Zur Übertragung werden die EDI-Nachrichten als String im ASCII-Format bereitgestellt. In der Bundesrepublik werden die zur Übertragung notwendigen Festnetze bislang ausschließlich von der Deutschen Telekom AG betrieben. Die Netze sind in digitale (z.b.: das ISDN-Netz) und analoge (z.B.: das Fernsprechnetz) unterteilt.[38] Mit Hilfe von Zusatzgeräten, dem sogenannten Modem (MOdulator und DEModulator), läßt sich das analoge Fernsprechnetz zur Datenübertragung nutzen. Ursprünglich zum Senden und Empfangen natürlicher Sprache konzipiert, werden zur Datenübertragung die digitalen Signale in die analogen Schwingungen des Fernsprechfrequenzbereiches umgesetzt. Die Übertragungsgeschwindigkeit ist demnach abhängig von den Einstellungen des Modems und im weiteren von der Qualität der Fernsprechleitung.[39]

---

[35] Deutsch, Unternehmenserfolg mit EDI, 1995, S. 16 ff.

[36] Ebd., S. 193.

[37] Bürger, Schaffung von Wettbewerbsvorteilen durch EDIFACT, in Office Management Nr. 12, 1994, S. 52.

[38] Schmoll, Handelsverkehr - elektronisch, weltweit, 1994, S. 110.

[39] Ebd., S. 113.

## 1.3.2 Direkte und indirekte Übertragung

Die Übermittlung elektronischer Geschäftsdokumente unterscheidet man in die Punkt-zu-Punkt-Übertragung, eine Leitungsvermittlung, und in die zwischengespeicherte Übertragung, beispielsweise eine Paketvermittlung. Bei der ersten Möglichkeit muß eine feste Verbindung zwischen den beiden miteinander kommunizierenden Partnern bestehen, sie müssen also zum gleichen Zeitpunkt übertragungsbereit sein. Genau hier liegt der Unterschied zu der zwischengespeicherten Übertragung, denn in diesem Fall werden die Daten an einen Dienstleister gesendet und vom Partner zu einem anderen späteren Zeitpunkt abgeholt.[40]

Bei einer direkten Verbindung besteht die Möglichkeit, interaktives EDI zu betreiben. Dabei werden die Daten an den Empfänger übertragen, wo es zu einer unmittelbaren Reaktion in den Applikationsanbindungen kommt und der Absender eine direkte Antwort erhält. Einsatzmöglichkeiten sind zum Beispiel in Buchungs- und Platzreservierungssystemen. Dem interaktiven EDI steht das "batch-mode" EDI gegenüber. Hier werden die Daten lediglich übertragen, ohne eine unmittelbare Reaktion des Kommunikationspartners bzw. dessen Applikation, und der Absender erhält nur eine Sendebestätigung Bei dieser asynchronen Übertragung kann eine indirekte Verbindung beispielsweise über den von der Deutschen Telekom AG angebotenen Dienst der Telebox-400 genutzt werden.[41]

Im Rahmen der zwischengespeicherten Übertragung gibt es verschiedene Formen von benötigten und zusätzlichen Dienstleistungen. Im Mailbox-Verfahren leitet der Anbieter die Nachricht nur an die entsprechende Mailboxadresse weiter, gegebenenfalls auch in ein anderes Mailboxsystem, und das sowohl national als auch international. Übernimmt der Dienstleister auch Aufgaben, wie das Aufteilen einer Gesamtdatei mit unterschiedlichen Adressaten an die entsprechenden Empfänger, Konvertierung, Verschlüsselung, Archivierung oder die Generierung von Empfangsbestätigungen, so spricht man von einem VAN (Value Added Network). Werden nur Datendienste angeboten, häufig bei brancheninternen Diensten, so wird der weitgehend dem VAN entsprechende Begriff des Clearing Centers verwendet. Zu den branchenspezifischen Diensten zur Zwischenspeicherung zählen der Zugriff auf Artikelstämme,

---

[40] Deutsch, Unternehmenserfolg mit EDI, 1995, S. 58 ff.

[41] Schmoll, Handelsverkehr - elektronisch, weltweit, 1994, S. 187.

Preisdaten oder Umsetzungen in Branchenstandards.[42] Unter die Dienste eines Clearing Centers können auch Nachrichten-Services, die Kommunikation und Nachrichten betreffend, Unterstützungs-Services, Beratung und Installationshilfen, sowie Management-Funktionen, wie die Überwachung, Steuerung und Sicherheit des EDI-Ablaufes, gefaßt werden. Diese Dienste können sowohl intern von einer Abteilung wahrgenommen, oder aber auch an externe Anbieter abgegeben werden.[43]

Die Nutzung der VANS (Value Added Network Services) beinhaltet einen Datenaustausch mit vielen Kommunikationspartnern, mit der Absicht, den Abstimmungsaufwand gering zu halten. Bei einem großen Datenvolumen mit einigen wenigen Partnern bietet sich das Punkt-zu-Punkt-Verfahren als die vorteilhaftere Lösung an.[44] Die entstehenden Kosten bei der Nutzung eines elektronischen Dienstleisters lassen sich wie folgt charakterisieren:

| | |
|---|---|
| Installationskosten | (einmalig) |
| Grundgebühr | (periodisch) |
| Zugangsgebühr | (pro Netzzugang) |
| Benutzungsgebühr | (zeitabhängig) |
| Übertragungsgebühr | (mengenabhängig) |
| Dienstgebühr | (je nach Nutzung von Zusatzdiensten) |
| Speichergebühr | (mengen-/zeitabhängig)[45] |

Welche Übertragung im konkreten Fall zu wählen ist, hängt von Kriterien wie die Anzahl der Partner, Übertragungsvolumen, Übertragungskosten, Übertragungsqualität, Dienstqualität oder Sicherheit ab.[46] Zu beachten sind die Dienste der Clearingstellen vor allem von Klein- und Mittelunternehmen, die eine Vielzahl von Daten austauschen. Durch die Nutzung eines Mehrwertanbieters mit einem Konvertierservice entstehen zwar zusätzliche Kosten, die aber durch den entfallenden Standardisierungsaufwand im eigenen Unternehmen ausgeglichen werden.[47]

---

[42] Deutsch, Unternehmenserfolg mit EDI, 1995, S. 69 f.

[43] Bruns, EDI-Management und EDI-Clearing-Center, in EDI in der Praxis, 1994, S. 157.

[44] Müller-Berg, Electronic Data Interchange (EDI), in Zeitschrift Führung und Organisation Nr. 3, 1993, S. 183.

[45] Deutsch, Unternehmenserfolg mit EDI, 1995, S. 74, Tab. 2.18: Aufteilung von VAN-Gebühren.

[46] Deutsch, Unternehmenserfolg mit EDI, 1995, S. 62.

[47] Höfling, Mit EDI sparen nicht nur Großbetriebe Kosten, in PC-Magazin Nr. 41, 1995, S. 42.

### 1.3.3 Telebox

Die Deutsche Telekom AG bietet mit ihrem Telebox-400-System ein elektronisches Postamt an, das als Kommunikationsdrehscheibe zwischen elektronisch kommunizierenden Unternehmen dient. Die beteiligten Partner können Daten an die Telebox-400 senden und von ihr empfangen, ohne daß zwischen ihnen zu einem bestimmten Zeitpunkt eine Verbindung bestehen muß. Dies geschieht über die sogenannten elektronischen Postfächer der Geschäftspartner, die gleichzeitig einen Fremdzugang ins eigene Datenverarbeitungssystem unnötig machen. Damit entfällt die Notwendigkeit, die jeweiligen Anschlußnummern, Paßwörter oder Zugangsprozeduren der Kommunikationspartner offenzulegen und zu verwalten. Somit sind jedem Teilnehmer nur die eigenen Paßwörter und Zugangsprozeduren bekannt.[48] Auch eine zeitliche Abstimmung der DV-Systeme ist unnötig. Jeder einzelne Partner bestimmt selber den Zeitpunkt und die Häufigkeit, mit der er die EDIFACT-Daten aus seinem elektronischen Postfach versendet beziehungsweise abholt. Dieses ist bei der Telebox-400 auch bei dem günstigen Nachttarif möglich, weil sie 24 Stunden einsatzbereit ist.[49]

Da problemlos eine Verbindung zur Telebox-400 aufgebaut werden kann, spielt die EDV-Kompatibilität der beteiligten Partner keine Rolle mehr. Auch unterschiedliche Übertragungs-geschwindigkeiten werden vom Telebox-System ohne Schwierigkeiten verarbeitet. Die Speicherkapazität der jeweiligen Mailbox paßt sich automatisch an den jeweiligen Umfang des Kommunikationsvorganges an.[50] Soll die Nachricht nach dem Lesevorgang weiterhin ins Telebox-400-System gespeichert bleiben, werden für ein Kilobyte täglich zwei Pfennig berechnet, bis zum Lesevorgang ist die Speicherung kostenlos.

Dem Nutzer der Telebox-400 steht mit einer speziellen PC-Box-Software ein Programm für die Verwaltung seiner Kommunikation bereit. Der Leistungsumfang bietet Funktionen für das Erstellen, Versenden, Empfangen und Lesen von Mitteilungen. Dabei können die Daten im Offline-Betrieb bearbeitet werden und somit Verbindungszeiten und Kosten gespart werden.[51]

---

[48] Jonas, Datenfernübertragung mit Personal Computern, 1992, S. 273 f.

[49] Ebd, S. 275.

[50] Deutsche Telekom AG (Hrsg.), Telebox 400.

[51] Deutsche Telekom AG (Hrsg.), Telebox 400.

Für die EDI-Übertragung steht mit der Telebox-400-EDI ein System zur Verfügung, das speziell für diese Kommunikationsart zugeschnitten ist. Wichtigster Vorteil ist das automatische Auslesen und Umsetzen der Adresse aus dem Kopfteil der jeweiligen EDI-Nachricht zur Weiterleitung im Telebox-400-System. Desweiteren kann jeder Absender einer EDI-Nachricht eine Empfangsbestätigung anfordern, die er erhält, sobald der Empfänger die Nachricht abgerufen hat.[52]

### 1.3.4 ISDN

ISDN ist die Weiterentwicklung des analogen Telefonnetzes in ein digitales und steht für "Integrated Services Digital Network". Es bezeichnet ein leitungsvermitteltes Wählnetz, das von Endstelle zu Endstelle digital über zwei Nutzkanäle und mit einer Datenübertragungs-geschwindigkeit von jeweils 64 Kbit/s arbeitet. Für dienstspezifische Informationen zur Steuerung steht ein weiterer Kanal , der Signalisierungskanal, mit 16 Kbit/s zur Verfügung. ISDN steht für eine hochleistungsfähige Übertragung von Nachrichten aller Art, wie Sprache, Bilder, Daten und Texte. Es wird nur noch ein Netz benötigt, welches gleichzeitig eine hohen Schutz vor Fehlern, Geschwindigkeit und Benutzerfreundlichkeit besitzt.[53] Unter Betrachtung von Kapazitätskriterien, wie Übertragungsgeschwindigkeit, der zeitlichen Verfügbarkeit oder der benötigten Zeit für den Verbindungsaufbau, bietet ISDN die besten Voraussetzungen.[54] Vor allem als EDI-Punkt-zu-Punkt-Übertragungsmedium wird sich ISDN durchsetzen können.[55]

---

[52] Deutsch Telekom AG (Hrsg.), Telebox 400 EDI, 1995.

[53] Schmoll, Handelsverkehr - elektronisch, weltweit, 1994, S. 126.

[54] Ebd., S. 158 f.

[55] Ebd., S. 196.

## 1.4 Aspekte der Kommunikationssicherheit

### 1.4.1 Technische Aspekte

Beim konventionellen Datenaustausch mit Papierdokumenten kann es durch Verwechslungen und Fehlzuordnungen auf dem Transportweg, und bei der späteren Bearbeitung zu Fehlern kommen. Gegen diese Effekte ist auch die elektronische Datenübertragung zu sichern, die darüber hinaus einen Datenverlust durch Systemausfälle oder Verfälschung vermeiden muß.[56] Die Datenunversehrtheit, das heißt kein Löschen, Ändern, Einfügen oder Wiederholen, ist sicherzustellen. Desweiteren müssen sich die beteiligten Partner die Identität des anderen erkennen können.[57]

Im System der Telebox-400 werden die Mitteilungen automatisch verschlüsselt und komprimiert. Eine Manipulation externer Benutzer ist damit ausgeschlossen und führt höchstens zur Zerstörung der Daten, nicht aber zu einer unbemerkten Veränderung.[58] Zum Schutz vor Übertragungsfehlern stehen Übertragungsprotokolle zur Verfügung, die auftretende Fehler von Computern oder Modems erkennen und korrigieren können. So steht in der Telebox-400 bei Nutzung des analogen Fernsprechnetzes unter anderem das MNP (Microcom Networking Protocol) bereit, das durch das Zusammenspiel der Teilnehmermodems auftretende Übertragungsfehler entdeckt und behebt.[59] Um einen völligen Datenverlust oder duplizierte Daten, im Fall einer zusätzlichen Übertragung, zu vermeiden, übermittelt die Telebox-400 eine Statusmeldung mit einer fortlaufenden Nummer an den Empfänger. Nach erfolgreicher Übertragung wird die Mitteilung als "gelesen" gekennzeichnet, verbleibt aber noch 24 Stunden in der Empfängerbox.[60]

Bei EDI-Nachrichten schützt eine Übermittlungsfolge-Numerierung den Empfänger vor doppelter Bearbeitung oder Nichtbearbeitung. Ein Nachbearbeitungsprogramm kann die Numerierung abfragen und entsprechend mit der letzten Nachricht vergleichen. So wird der

---

[56] Jonas, Datenfernübertragung mit Personal Computern, 1992, S. 283.

[57] Warsch, Planung rechnerunterstützter Kommunikation im Unternehmensverbund, 1992, S. 42.

[58] Jonas, Datenfernübertragung mit Personal Computern, 1992, S. 277.

[59] Ebd. , S. 285.

[60] Ebd., S. 286.

Anwender auf fehlende oder doppelte Sendungen aufmerksam gemacht.[61]

Zur Ermittlung des Ursprungsnachweises oder der Unversehrtheit dient die elektronische Unterschrift. Dabei handelt es sich um eine Zeichenkette, die auf Basis kryptografischer Funktionen aus dem Inhalt der Daten errechnet wird. Hierzu dient dem Absender ein geheimer Schlüssel. Der Empfänger vergleicht nun die erhaltene, die mit einem öffentlichen Schlüssel lesbar gemacht wird, mit der seinerseits errechneten Unterschrift. Diese kann bei Manipulation oder Übertragungsfehlern nicht übereinstimmen. Aus dem öffentlichen Schlüssel lassen sich keine Rückschlüsse auf die Verschlüsselung ziehen.[62] Unabhängig von der Zahl der Partner, braucht ein Unternehmen nur einen einzigen geheimen und den dazugehörigen öffentlichen Schlüssel. Weitaus aufwendiger neben diesem Zwei-Schlüssel-System ist die Chiffrierung mit nur einem geheimen Schlüssel. Denn für jeden Kommunikationspartner muß ein anderer Schlüssel erzeugt und verwaltet werden. Beide Partner sind dann für die Geheimhaltung des Schlüssels verantwortlich..[63]

## 1.4.2 Rechtliche Aspekte

Neben den technischen Aspekten sind vor allem die mit einer elektronischen Übertragung verbundenen rechtlichen Aspekte wichtig, da die Daten immer Geschäftsaktionen auslösen. Ein auf Papier fixiertes Dokument hat eine Symbol-, eine Beweis- und eine Informationsfunktion. Aus rechtlicher Sicht ist die Informationsfunktion unproblematisch. Bei den beiden anderen Funktionen gibt es Unsicherheiten im Rahmen des elektronischen Datenaustausches. So besteht zwar die Möglichkeit, durch entsprechende Sicherheitsmaßnahmen der Beweispflicht gerecht zu werden, aber es existieren noch ungeklärte Fragen, zum Beispiel bezüglich der rechtsverbindlichen Unterschrift oder der Bestätigung nach einem erfolgten Datenaustausch. Denn mit dem physischen Besitz eines Dokumentes sind Rechte verbunden, für die in der Datenwelt noch kein Äquivalent geschaffen wurde.[64] Bislang sind die übertragenen Daten nicht in der Lage, die gewünschte Rechtssicherheit zu gewährleisten. Das bedeutet, die gesendeten

---

[61] Jonas, Datenfernübertragung mit Personal Computern, 1992, S. 288.

[62] Ebd., S. 289 f.

[63] Kuhns, Sicherheits- und Kontrollaspekte, in EDI 91, S. 404 f.

[64] Schmoll, Handelsverkehr - elektronisch, weltweit, 1994, S. 62 f.

Nachrichten können gerichtlich nicht als Beweislast verwertet werden.[65] Bei den Anforderungen an die Rechtssicherheit muß die verantwortliche Person über den elektronischen Schlüssel genau bestimmbar sein. Bislang darf die Justiz diese elektronische Unterschrift aber nicht als Beweisvermutung verwenden.[66]

Bisher dienen Papierdokumente als Urkunden im Sinne des Steuerrechts, da sie den Vorteil haben, daß nachträgliche Manipulationen schon durch Hinsehen auffallen. Bei der elektronischen Datenkommunikation muß daher weiterhin auf eine Papierurkunde zurückgegriffen werden, die zum Beispiel alle übertragenen Rechnungen eines Monats zum Nachweis der Vorsteuer auflistet. Den Finanzbehörden ist es somit möglich, eventuelle Unterschiede zu den elektronisch gespeicherten Daten festzustellen.[67][68] Das Papierprotokoll muß im Inhalt die Summe der Entgelte eines Übertragungszeitraumes, die darauf entfallenden Steuerbeträge und einen Verweis auf die übertragenen Einzelrechnungen aufweisen.[69] Über diesen Verweis müssen beim Leistungsempfänger die fehlenden Merkmale, wie Bezeichnung des gelieferten Gegenstandes oder der Zeitpunkt in der gespeicherten Einzelrechnung, ermittelbar sein. Das heißt, diese Einzelrechnungen sind für Prüfungszwecke jederzeit lesbar zu machen.[70]Das zuständige Finanzamt muß über die Einführung des elektronischen Rechnungsdatenaustausches in Kenntnis gesetzt werden.[71]

Um den bestehenden rechtsfreien Raum zu umgehen, sollte der elektronische Datenaustausch mit Unternehmen begonnen werden, zu denen ein positives Vertrauensverhältnis besteht. Desweiteren kann ein EDI-Vertrag die bestehenden Geschäftsvereinbarungen ergänzen und Angaben zu verwendeten Nachrichtentypen, Vorgehensweisen bei fehlerhaften Daten oder der Daten- und Übertragungssicherheit enthalten.[72] Außerdem sollte dieser bilaterale Vertrag die Festlegung der Kommunikationssysteme, Übertragungs- und Abrufzeiten und eine Anerkennung des Beweiswertes der empfangenen und gesendeten Nachrichten beinhalten. Auch

---

[65] Scheuber, Anerkennung elektronischer Verträge ein Schwachpunkt, in PC-Magazin Nr. 1/2, 1995, S. 38.

[66] Ebd., S. 39.

[67] Jonas, Datenfernübertragung mit Personal Computern, 1992, S. 290 f.

[68] Deutsch, Unternehmenserfolg mit EDI, 1995, S. 113.

[69] Ebd., S. 116.

[70] Rondorf, Umsatzsteuerliche Anerkennung von elektronisch übermittelten Rechnungen, in EDI 91, S. 378.

[71] Deutsch, Unternehmenserfolg mit EDI, 1995, S. 116.

[72] Schmoll, Handelsverkehr - elektronisch, weltweit, 1994, S. 63.

sind Vereinbarungen über den Datenschutz, einer Haftungsverteilung und über Speicher- und Aufbewahrungsverfahren zu treffen.[73] Durch eine gegenseitige Anerkennung der elektronischen Unterschriften wird gleichzeitig die zivilrechtliche Beweisanforderung geregelt, da so zertifizierte Geschäftsdokumente als Urkundenersatz herangezogen werden können. Für die allgemeinen Voraussetzungen des Datenaustausches muß der Gesetzgeber die nötigen Grundlagen in einem Kommunikationsrecht festlegen.[74] Rechtlich gesehen ist es nicht notwendig, EDI-Vereinbarungen in Verträge zu fassen. Der Hauptgrund eines Vertragsabschlusses liegt in den automatisierten Abläufen, die an die elektronische Nachrichtenübermittlung angeschlossen werden. Ein entstehender Schaden durch fehlerhaften Datenaustausch führt bei Anwendung des deutschen Zivilrechts nicht selten zu unangemessenen Ergebnissen.[75] Wird die Information durch den Datenaustausch als Ware betrachtet, stellt sie für den Empfänger einen schwer zu quantifizierenden Wert dar. Daher ist auch die Höhe eines möglichen Schadens durch fehlerhafte Information schwer zu ermitteln.[76]

Im Aufgabenbereich des internen Rechnungswesens stellt sich die Frage nach der Belegfunktion der erhaltenen Daten. Hier muß festgestellt werden, ob nicht der physische Datenträger, sondern der Inhalt die Anforderung an einen Beleg erfüllt. Die bisherige Auffassung sieht das Papier als alleinigen Beleg, aber für das Festhalten von Inhalten kommen sämtliche Datenträger in Betracht.[77] Die generellen Anforderungen der Belegfunktion wie Autorisation, Vollständigkeit und Richtigkeit und der Nachweis des Beleges für die Aufbewahrungsfrist sind auch bei der elektronischen Datenübermittlung zu beachten. So wird der Absender einer EDI-Nachricht überprüft und anhand geschlossener Vereinbarungen als Partner autorisiert. Ähnlich einer Rechnung im Papierformat sollte das Unternehmen die Vollständigkeit und die Richtigkeit von elektronischen Rechnungen ebenfalls durch eine Rechnungsprüfung sicherstellen. Bei der Aufbewahrungspflicht ist nicht das bildliche Format wichtig, sondern die Daten an sich und ein Nachweis über die Buchungs- und Kontrollverfahren.[78]

---

[73] Schmoll, Handelsverkehr - elektronisch, weltweit, 1994, S. 259.

[74] Scheuber, Anerkennung elektronischer Verträge ein Schwachpunkt, in PC-Magazin Nr. 1/2, 1995, S. 39.

[75] Seiler, EDI-Modellverträge, in Nachtrag EDI-Deutschland 91, S. 5.

[76] Warsch, EDI: Neue Potentiale in Geschäftsbeziehungen, in EDI in der Praxis, 1994, S. 110.

[77] Zepf, Erfüllung der Belegfunktion bei elektronisch ausgetauschten Geschäftsdaten, in EDI 91, S. 229.

[78] Ebd., S. 230 ff.

### 1.4.3 Archivierung

In den Bereich des Sicherheitsaspektes fällt auch das Thema der Archivierung. Die erhaltenen Daten müssen aus steuer- und handelsrechtlichen Gründen bis zu zehn Jahre gesichert werden. Dabei treten dieselben Sicherheitsprobleme auf, wie in den technischen und rechtlichen Aspekten bereits behandelt. Die gespeicherten Daten dürfen nicht verändert und elektronische Unterschriften müssen auch noch Jahre später entschlüsse t werden können. Um die Wiederherstellung einer Nachricht zu gewährleisten, werden die entsprechenden Partnerstammdaten benötigt. Die Verwaltung unterschiedlicher Nachrichtenversionen und Chiffrierungsschlüssel darf nicht außer acht gelassen werden.[79] Eine revisionssichere Archivierung scheint auf CD-WORM-Medien (write once, read multiple) möglich zu sein, da diese Medien nur einmal beschreibbar sind.[80] Die optischen Speicher erfüllen sowohl das Kriterium nachträglicher Unverfälschbarkeit, als auch die rechtlich erforderlichen Aufbewahrungsfristen.[81] Die Speicherung auf Mikrofiche ist technisch mit der entsprechenden Software möglich, aber auch mit den Problemen bis zur Speicherung und einer nachträglichen Überprüfung behaftet. Außerdem stellt sich die Frage eines späteren elektronischen Datenzugriffs mit möglicher Verarbeitung.

Da für die verschiedenen Nachrichtentypen unterschiedliche Aufbewahrungsfristen gelten, muß eine nachrichtenspezifische Archivierung in den Ablauf des Dokumentenflusses eingeplant werden. Das bedeutet zum Beispiel für die Aufbewahrung von elektronisch versandten Rechnungen, daß sie mindestens sechs Jahre in ihrer ursprünglichen Form aufbewahrt werden müssen. Da die elektronische Übertragung eine Sicherung in Papierform vermeiden soll, ist es zu empfehlen, die Sicherung der Daten nach dem Empfang oder vor dem Versand stattfinden zu lassen.[82] Um den Sicherheitsaspekten einer nachträglichen Veränderbarkeit zu genügen, könnten neben den elektronischen Nachrichten auch die auf Speichermedien archivierten Daten einer Periode vom Nachrichtensender, hier Rechnungsaussteller, geliefert werden.

Im Rahmen eines EDI-Projektes können durch die Nutzung kostengünstiger Speichermedien

---

[79] Schmoll, Handelsverkehr - elektronisch, weltweit, 1994, S. 205 f.

[80] FibuNet, Buchhaltung aus dem Effeff, Prospektunterlagen.

[81] Schmoll, Handelsverkehr - elektronisch, weltweit, 1994, S. 259.

[82] Deutsch, Unternehmenserfolg mit EDI, 1995, S. 114 f.

Einsparungen für die Archivierung erzielt werden. Bei einem System auf Bildplattenbasis ist vor allem der schnelle Zugriff auf einen über Jahre hinweg gebildeten Datenbestand vorteilhaft, ohne ein langwieriges Suchen in Archiven.[83]

---

[83] Deutsch, Unternehmenserfolg mit EDI, 1995, S. 97.

# 2 Von EDIFACT zu EANCOM

## 2.1 EDIFACT und Subsets

### 2.1.1 Entwicklungsgründe

Die auf wenige Großunternehmen und einige Branchen beschränkten partiellen Lösungen des Datenaustauschs wurden auf Initiative der Vereinten Nationen (UN) unter der Bezeichnung EDIFACT genormt. Um die weltweite Normung zu garantieren, beteiligten sich daneben die Europäische Gemeinschaft, die ISO (International Standards Organization), sowie alle nationalen Standardisierungsorganisationen. Dieser Zusammenschluß verdeutlicht die Wichtigkeit des elektronischen Datenaustausches, der als die Schlüsseltechnologie der 90er Jahre angesehen wird. Mit dem "Elektronischen Datenaustausch für Verwaltung, Wirtschaft und Transport", kurz EDIFACT, wurde eine branchenunabhängige Norm geschaffen.[84] Diese Norm bringt den größten Nutzen hervor, wenn sie hersteller- und branchenunabhängig und desweiteren unabhängig von der Übertragungsart, des DV-Systems und der Landessprache ist. Diese Prämissen wurden der EDIFACT-Norm zugrunde gelegt, damit keine individuellen Absprachen, sondern lediglich eine Inhouse-Adaption nötig ist.[85] So ist auch das Ziel von EDIFACT zu sehen, das in der Vereinfachung des unternehmensübergreifenden Datenaustausches zwischen einer beliebigen Zahl von Partnern innerhalb der Wirtschaft auf der Sender- und Empfängerseite liegt. Dabei kann jeder Partner sowohl Sender als auch Empfänger mit einer unterschiedlichen Anzahl von Partnern sein.[86] Der Ablauf ist so zu verstehen, daß Informationen von der Anwendung eines Unternehmens zur Anwendung eines Partnerunternehmens befördert werden und dort für die Verarbeitung zur Verfügung stehen.[87]

In der Bundesrepublik Deutschland ist eine gewisse Zurückhaltung in Bezug auf EDIFACT festzustellen. Zum einen könnte dies mit dem Fehlen einer allgemeinen Strategie bzw. einer öffentlichen Förderung in Zusammenhang stehen. Aber auch in Bezug auf die Stabilität der

---

[84] Jonas, Datenfernübertragung mit Personal Computern, 1992, S. 232 f.

[85] Schmoll, Handelsverkehr - elektronisch, weltweit, 1994, S. 30 f.

[86] Binner, Systematische Geschäftsprozeßanalysen als Voraussetzung für EDI, in EDI in der Praxis, 1994, S. 77.

[87] Hohmann, Standards fördern einen reibungslosen Datentransport, in PC Magazin Nr. 9, 1993, S. 31.

EDIFACT-Directories, die während ihrer Entwicklung bis zum United-Nations-Standard Message (UNSM) Nachrichtentyp erheblichen Veränderungen unterliegen. Als weiteres Problem ist ebenfalls die rechtliche Situation zu sehen, da es für den elektronischen Datenaustausch nur wenige rechtliche Regelungen gibt.[88]

Grundlage eines Handelsgeschäftes ist eine Fülle von Dokumenten, die einen Tauschvorgang zwischen Unternehmen belegen. Dazu zählen nicht nur Angebot, Bestellung, Rechnung oder Lieferschein, sondern auch Transportaufträge, Frachtpapiere oder Geldüberweisungen. Die Vielzahl der Dokumente mit den damit verbundenen Erledigungs- und Laufzeiten behindern einen schnellen Warenfluß. Damit es in Fertigungsbetrieben keinen Stillstand gibt, werden kapitalbindende Lager eingerichtet.[89] Der zur Erstellung von Dokumenten notwendige Zeit- und Papieraufwand beläuft sich auf ca. 10 Prozent der gesamten Betriebsausgaben.[90] In der internen Organisation der Unternehmen trägt die gemeinsame Nutzung von Datenbeständen zur Optimierung des Dokumentenflusses bei. So werden einmal erfaßte Daten in der Lagerverwaltung, der Produktion oder der Buchhaltung zur Weiterverarbeitung genutzt, wodurch eine Reduzierung von Kosten und Fehlern realisiert wird. Die Erfassung extern erhaltener Belege erhält so ihre Wirtschaftlichkeit. So kann eine Rechnungskontrolle durch den ebenfalls gespeicherten Auftrag automatisiert werden.[91] Hier setzt der elektronische Datenaustausch EDIFACT, mit seiner Idee an, Handels- und Wirtschaftsdaten nicht mehr in Papierform, sondern als elektronische Daten weiterzuleiten. Die Vorteile in der internen Datenverarbeitung eines Unternehmens sollen auch für die Geschäftsbeziehungen mit anderen Unternehmen gelten.[92] Dabei können EDIFACT-Nachrichten in verschiedenen Stufen der Wertschöpfungskette eingesetzt werden:

. zwischen Produzent und Lieferant,

. zwischen Hersteller und Handel,

. zwischen Groß- und Einzelhandel.[93]

---

[88] Schmoll, Handelsverkehr - elektronisch, weltweit, 1994, S. 61 f.

[89] Jonas, Datenfernübertragung mit Personal Computern, 1992, S. 232 ff.

[90] Ebd., S. 234.

[91] Ebd., S. 235.

[92] Ebd., S. 236.

[93] Deutsch, Unternehmenserfolg mit EDI, 1995, S. 40.

Abbildung 2: Handels-Szenario mit Datenfluß

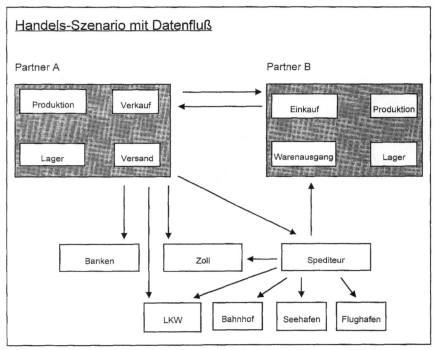

Quelle: in Anlehnung an Siemens/Nixdorf, Handels-Szenario mit Waren und Datenfluß, in EDI 91, 1991, S. 104.

## 2.1.2 Aufbau einer EDIFACT-Nachricht

Die wichtigste Voraussetzung, um elektronische Dokumente zu erstellen und zu verarbeiten, ist das Vorhandensein einer einheitlichen Nachrichtenstruktur. Betrachtet man nun die Vielzahl der Handelsdokumente, so zeigt der Einsatz von Formularen eine gewisse Struktur, die bisher schon eine elektronische Datenverarbeitung, aber noch unter Einsatz von Papier, ermöglichten. Bei der sogenannten Rastertechnik wird ein Formularvordruck mit Daten gefüllt, wobei die Feldinhalte erst durch die exakte Position und den vorhandenen Feldbezeichnungen eine Bedeutung erhalten.[94]

---

[94] Jonas, Datenfernübertragung mit Personal Computern, 1992, S. 239 ff.

Um eine Formularvielzahl im elektronischen Austausch zu verhindern, wurden die "elektronischen Formulare" durch die EDIFACT-Nachrichten genormt. Die geschaffenen Syntaxregeln enthalten Festlegungen zu der Strukturierung der Segmente innerhalb einer Nachricht, der Komprimierung, dem Auslassen, dem Wiederholen und der Verschachtelung von Segmenten.[95] Eine so festgelegte Syntax erlaubt es, die Datenelemente, zum Beispiel Adresse, Rechnungspositionen und -summen, zu einem Datensatz (also einer Rechnung) zu verknüpfen.[96] Zur Darstellung verwendet EDIFACT kurze Kunstworte, die in entsprechenden Verzeichnissen der Segmente und Elemente beschrieben werden. Um flexibel auf die unterschiedlichsten Anforderungen der Praxis reagieren zu können, werden im EDIFACT Trennelemente verwendet. Damit benötigen die Formulare keine festen Positionen, sondern die Benutzung der Trennzeichen realisiert flexible Datensätze.[97] Das heißt, bei der Erstellung eines Datensatzes werden nur erforderliche Informationen verwendet, und es ist erlaubt, nicht benötigte Elemente wegzulassen.[98]

Als Trennzeichen werden in der EDIFACT-Sprache das Hochkomma (') zur Kennzeichnung eines abgeschlossenen Datenbereiches und das Pluszeichen (+) zur Verbindung der Datenelemente eingesetzt. Der Satzanfang wird durch drei Großbuchstaben eingeleitet, deren Abkürzung das jeweilige Segment beschreiben.[99] Mit einem Doppelpunkt (:) werden die Datenelemente innerhalb einer Gruppe voneinander getrennt. Kommt eines dieser Spezialzeichen selber als Inhalt vor, wird ihm das Rückstellzeichen, ein Fragezeichen (?), vorangestellt.[100] Sogenannte Qualifier, eine weitere Kurzbezeichnung, präzisieren diese Abkürzung der Segmente nochmals. Die Bezeichnung NAD (name and adress) beispielsweise, wird durch die Qualifier BY (buyer) oder SE (seller) nochmals spezifiziert. Bei einer automatischen Adreßprüfung sucht der Computer nur die Zeichen "NAD+BY" und kann dann die in vorgegebener Reihenfolge folgenden Datenelemente mit den gespeicherten Inhouse-Daten vergleichen.[101] Zum Ausfüllen der Datenelemente stehen dem Benutzer zwei Zeichensätze (Typ A oder Typ B) zur Verfügung. Dabei enthält Typ A ausschließlich druckbare Zeichen, während

---

[95] Hennig, Das UN/EDIFACT-Regelwerk und seine Pflege, in Nachtrag EDI-Deutschland 91, S. 4.

[96] Jonas, Datenfernübertragung mit Personal Computern, 1992, S. 245.

[97] Ebd., S. 246.

[98] Schmoll, Handelsverkehr - elektronisch, weltweit, 1994, S. 79.

[99] Jonas, Datenfernübertragung mit Personal Computern, 1992, S. 247.

[100] Schmoll, Handelsverkehr - elektronisch, weltweit, 1994, S. 88.

[101] Jonas, Datenfernübertragung mit Personal Computern, 1992, S. 249.

Typ B auch nicht druckbare Zeichen, sogenannte Steuerzeichen, verwendet. [102]

Die Zusammenfassung aller erforderlichen Segmente bildet eine Nachricht. Diese EDIFACT-Nachricht heißt nach Entwicklung, Prüfung, Registrierung und Publikation durch die Vereinten Nationen "United Nations Standard Message" (UNSM). [103] Die Zusammenfassung mehrerer Nachrichten gleichen Typs für einen Empfänger bildet eine Nachrichtengruppe. Die Bezeichnung für das Kopfsegment ist UNG und für das Endesegment UNE. Eine Übertragungsdatei, bestehend aus mehreren Nachrichtengruppen, wird an den Nutzdaten-segmenten (UNB und UNZ) identifiziert, vor allem ist dies notwendig, wenn die Dateien über Clearing-Stellen abgewickelt werden und unterschiedliche Empfänger haben. [104]

Abbildung 3: Nutzdatenrahmen einer EDIFACT-Datei

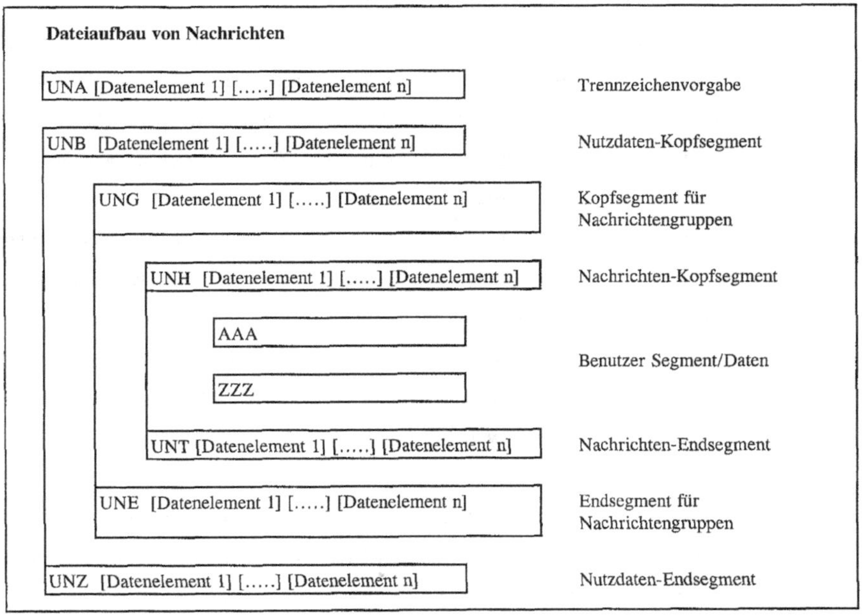

Quelle: Hermes, Syntax-Regeln für den elektronischen Datenaustausch, in EDIFACT Einführung, 1991, S. 10, Bild 3: Nutzdatenrahmen.

---

[102] Schmoll, Handelsverkehr - elektronisch, weltweit, 1994, S. 78 f.

[103] Jonas, Datenfernübertragung mit Personal Computern, 1992, S. 251.

[104] Hermes, Syntax-Regeln für den elektronischen Datenaustausch, in EDIFACT Einführung, 1991, S. 10.

### 2.1.3 EDIFACT-Subsets

Als EDIFACT-Subset wird eine genau festgelegte Untermenge nutzbarer Nachrichtentypen, Datenelemente, Codes und Qualifier aus dem gesamten EDIFACT-Potential bezeichnet. Bei dieser Subset-Definition werden alle EDIFACT-Regeln beachtet, lediglich die Anzahl der verwendeten Elemente wird für den Anwenderkreis begrenzt. Die vorhandene Syntax legt also nur den Rahmen fest, der den benutzerspezifischen Bedürfnissen einen gewissen Freiraum läßt. Eines dieser Branchen-Subsets ist EANCOM (European Article Numbering Communication), ein internationaler Verband der Artikelnumerierung.[105][106][107] Häufig sind die unterschiedlichen Branchen-Subsets notwendig, da auch das Geschäftsgebaren von Branche zu Branche unterschiedlich sein kann.[108]

Der Vorteil, ein Subset einzusetzen, liegt darin, nur die relevanten und auf ein Minimum reduzierten Datenmengen zu übertragen. Damit werden jedoch auf jeden Fall wieder Absprachen zwischen den Kommunikationspartnern notwendig und es kommt zu Kompatibilitätsproblemen mit branchenfremden Geschäftspartnern. Die Nutzung eines Subsets ist die einfachste Lösung, um elektronischen Datenaustausch zu betreiben, solange sich die Anwendung auf eine Branche beschränkt.[109] Der hohe Interpretationsspielraum bei der Definition der Segmente und Datenelemente, erfordert entgegen vielfacher Meinung entsprechende Abstimmungen mit dem Datenaustauschpartner. Häufig beschreiben die Branchen auch die Regeln für die Nachrichten, Segmenten, Datenelementen und Codes. Der Anwender erhält dadurch eine gute Hilfestellung zum Einsatz.[110] Es wird geklärt, welche Kann-Datenelemente/-segmente neben den erforderlichen Muß-Datenelementen/-segmenten als Untermenge verwendet werden.[111]

Auch wenn in der Praxis einige Branchen ihr eigenes Subset entwickelt, wird die EDIFACT-Syntax als Grundlage gewählt und bietet somit eine Verbesserung, da die Inhalte teilweise oder

---

[105] Schmoll, Handelsverkehr - elektronisch, weltweit, 1994, S. 93 f.

[106] Deutsch, Unternehmenserfolg mit EDI, 1995, S. 45.

[107] Schulte; Simmet, Von EAN zu EANCOM, in Dynamik im Handel Nr. 4, 1992, S. 40.

[108] Gebker, Untergliederung in Subsets verhindert die Schaffung von Insellösungen, in Die Computer Zeitung Nr. 14/15, 1993, S. 16.

[109] Schmoll, Handelsverkehr - elektronisch, weltweit, 1994, S. 95 f.

[110] Gebker, Untergliederung in Subsets verhindert die Schaffung von Insellösungen, in Die Computer Zeitung Nr. 14/15, 1993, S. 16.

[111] Müller-Berg, Electronic Data Interchange (EDI), in Zeitschrift Führung und Organisation Nr. 3, 1993, S. 180.

sogar völlig identisch sind.[112] Bestehende Subsets finden sich unter anderem in der chemischen Industrie, der Elektroindustrie und der Baubranche. Die Deutsche Telekom AG bietet Großkunden die Fernmelderechnungen auf Wunsch in einem eigenen Subset an.[113] Entgegen der häufigen Behauptung sind die Subsets keine unabgestimmten Insellösungen. Gerade der Einsatz von Subsets soll genau dies verhindern. Um Fehlentwicklungen zu vermeiden, überprüft und registriert das Deutsche Institut für Normung (DIN) EDIFACT-Subsets. Dabei setzt eine Registrierung die Anwendung des UN/EDIFACT-Standards, der gültigen Syntax, voraus.[114] Grundlage für eine einfache Überprüfung ist die zentrale Pflege bei Weiterentwicklungen des Regelwerkes. Eine beim DIN eingerichtete EDIFACT-Pflegestelle übernimmt diese Aufgaben wie die Erfassung und Pflege, die Bereitstellung von Informationen und Auskünfte über das Regelwerk oder die Prüfung und Registrierung von Subsets. Vor allem im Bereich der Subsets soll die Anzahl möglichst klein gehalten und gleichartige Subsets zusammengefaßt werden.[115]

---

[112] Schmoll, Handelsverkehr - elektronisch, weltweit, 1994, S. 107.

[113] Deutsch, Unternehmenserfolg mit EDI, 1995, S. 12.

[114] Gebker, Untergliederung in Subsets verhindert die Schaffung von Insellösungen, in Die Computer Zeitung Nr. 14/15, 1993, S. 16.

[115] Hennig, Das UN/EDIFACT-Regelwerk und seine Pflege, in Nachtrag EDI-Deutschland 91, S. 8 ff.

Tabelle 1: Übersicht über EDIFACT-Subsets

Übersicht über EDIFACT-Subsets

| Subset | Branche, Firma oder Wirtschaftszweig |
|--------|--------------------------------------|
| BSL | Spedition und Lagerei |
| CEFIC | chemische Industrie |
| EANCOM | Konsumgüterwirtschaft |
| EDIBDB | Baustoffhandel |
| EDICER | Keramikindustrie |
| EDICOS | Parfum, Konsum |
| EDIFER | Eisen, Stahl |
| EDIFICE | Elektroindustrie |
| EDIFURN | Möbelindustrie und -handel |
| EDIKEY | Schloß- und Beschlagindustrie |
| EDILIBE | Bücherei/Bibliothek und Buchhandlung |
| EDIoffice | Bürowirtschaft |
| EDIPAP | Papierindustrie |
| EDITEC | Sanitär, Haustechnik |
| EDITEX | Mode, Textilwirtschaft |
| EDIVIN | Weinwirtschaft |
| EDIWHITE | Weiße Ware, Haushaltsgeräte |
| ELFE, ELAN | DBP Telekom |
| ELMO | DeTe Mobil (D1) |
| SES | Siemens EDIFACT-Standard |

Quelle: Deutsch, Unternehmenserfolg mit EDI, 1995, S. 47, Tab. 2.10 Übersicht EDIFACT-Subsets.

## 2.2 EANCOM

### 2.2.1 Ein Subset für die Konsumgüterindustrie

Um die besonderen Bedürfnisse und Belange der Konsumgüterwirtschaft und des Handels zu vertreten, wurde 1988 von der EAN (European Article Numbering) der Verband EANCOM gegründet, dessen Name auch für das auf die EDIFACT-Syntax beruhende Subset steht. Wichtigste Grundlage ist dabei der EAN-Code zur artikelgenauen Datenerfassung.[116] Die international eindeutigen Artikelnummern setzen sich aus der internationalen Lokationsnummer (ILN) und der Eigengenerierung des Herstellers zusammen (ILN Typ 2) bzw. kann bei Dienstleistungsunternehmen die ILN vollständig vorgegeben werden (Typ 1). Die CCG ist die

---

[116] Schmoll, Handelsverkehr - elektronisch, weltweit, 1994, S. 94 f.

einzige autorisierte und verantwortliche Stelle für die Organisation und Koordination der Nummernsysteme in Deutschland. In einer unternehmensübergreifenden Kommunikation ersetzt die ILN die bisher üblichen individuellen Kunden- und Lieferantennummern durch eindeutige, überschneidungsfreie Partneridentifikationen und reicht zur Spezifizierung der Beteiligten in EANCOM vollkommen aus.[117]

Zum jetzigen Zeitpunkt bestehen bereits seit Jahren die von der CCG geschaffenen sogenannten SEDAS-Regeln für den elektronischen Datenaustausch. Dabei steht SEDAS für "Standardregelungen einheitlicher Datenaustauschsysteme".[118] Die SEDAS-Nachrichtenformate können als Wegbereiter für die EANCOM-Nachrichten gelten. Durch die Entwicklung von SEDAS, mit Nachrichtenformaten für Bestellungen , Rechnungen, Artikelstammdaten und Marktdaten, gelang in Deutschland der Durchbruch im Bereich des elektronischen Datenaustausches. Inzwischen werden diese Nachrichtentypen durch die entsprechenden im EANCOM-Format ersetzt.[119] EANCOM bildet somit die Grundlage für den internationalen Datenaustausch zwischen Hersteller, Großhändler und Einzelhandel in der Konsum-güterbranche.[120]

### 2.2.2 EANCOM-Nachrichtentypen

Die im EANCOM-Standard verfügbaren Nachrichtentypen können in folgende vier Klassen eingeteilt werden:

1. Stammdaten
2. Handelstransaktionen (Bewegungsdaten)
3. Berichts- und Planungsnachrichten
4. Allgemeine Nachricht

Die Stammdaten beziehen sich auf Partner und Produkte und werden als Referenz benötigt, um nachfolgende Geschäftsvorfälle abzuwickeln. Die Partnerstammdaten enthalten Informationen

---

[117] Centrale für Coorganisation (Hrsg.), Die EAN-Nummernsysteme, 1995.

[118] Deutsch, Unternehmenserfolg mit EDI, 1995, S. 32.

[119] Ebd., S. 10.

[120] Schulte; Simmet, Von EAN zu EANCOM, Dynamik im Handel Nr. 4, 1992, S. 42.

zu den Unternehmen, wie zum Beispiel Firmenname, Anschrift, Kontaktpersonen, Bankkonten, usw.. Nur wenn sich Änderungen oder Neuerungen im Laufe der bestehenden Partnerschaft ergeben, wird diese Nachricht wieder ausgetauscht. Die Nachricht Preisliste/Katalog kann eine Auflistung aller Produkte eines Lieferanten mit beschreibenden, logistischen und Preisinformationen beinhalten. [121]

Die Bewegungsdaten entsprechen der logischen Folge des Handelszyklusses und können diesen vollständig abbilden, falls wirklich alle Typen verwendet werden. Es beginnt mit der Anfrage des Kunden (unter Angabe der benötigten Mengen, Daten und Lieferorte) an seinen Lieferanten, ein Angebot von Waren oder Dienstleistungen abzugeben. Als Antwort folgt ein Angebot des Lieferanten auf die zuvor erhaltene Anfrage. Der Kunde kann die Angaben direkt in seine Bestellung einfließen lassen und falls noch nicht spezifiziert, die entsprechenden Mengen, Daten und Lieferorte angeben. Dabei sollte im allgemeinen "eine Bestellung pro Lieferung und Ort" gelten. Als Antwort wiederum steht dem Lieferanten entweder die Bestellbestätigung oder die Bestelländerung zur Verfügung. [122]

Der Transportdienstleister erhält dann den Transport-/ Speditionsauftrag, den Transport einer Warenlieferung an einen oder mehrere Lagerorte vorzunehmen. Der Empfänger bekommt eine Liefermeldung, die den detaillierten Inhalt einer Sendung ankündigt, so daß er den Wareneingang vorbereiten oder die Lieferung schon mit der Bestellung vergleichen kann. Der Lieferant setzt die erhaltene Wareneingangsmeldung, mit dem Inhalt einer empfangenen Sendung, zur Rechnungserstellung ein. Die Rechnung übermittelt die Zahlungsforderungen für Güter und Dienstleistungen. Dieser Nachrichtentyp wird aber auch zur Übermittlung von Proforma-Rechnungen, Gutschriften und Belastungsanzeigen verwendet. Häufig wird zusammen mit einer Vielzahl von Rechnungen auch ein Steuernachweis mit steuerbezogenen Informationen zu Anzahl und Summierungen übermittelt. Die detaillierten Angaben zur Zahlung können sowohl vom Käufer, als auch vom Verkäufer im Zahlungsavis gesendet werden und sind eine Mitteilung über eine durchzuführende Zahlung. [123]

---

[121] Centrale für Coorganisation, EANCOM, Teil II, 1994, S. 1.

[122] Ebd., S. 2.

[123] Ebd., S. 2 f.

Die Berichts- und Planungsnachrichten umfassen den Lieferabruf/ -plan, einen Produktbedarf hinsichtlich kurzfristiger Lieferinstruktionen anzuzeigen, den Verkaufsdatenbericht, die Verkaufsprognose und einen Bestandsbericht, jeweils mit der Möglichkeit, Verkaufs- bzw. Bestandsdaten entsprechend automatisch zu verarbeiten. In dieser Nachrichtenklasse wird auch der Syntax- und Servicebericht verwendet, der vom Empfänger einer EANCOM-Nachricht zur Bestätigung des Erhalts einer Übertragung verwendet wird. Diese kann auch eine Auflistung von Fehlern enthalten. [124]

Der Nachrichtentyp "General Message" wird häufig entweder eingesetzt, angeforderte Daten zu übermitteln, für die kein eigener Nachrichtentyp definiert ist, oder aber als Testmodus zwischen neuen EDI-Partnern. [125]

---

[124] Centrale für Coorganisation, EANCOM, Teil II, 1994, S. 3 f.

[125] Ebd., S. 4.

Tabelle 2: Nachrichtentypen in EANCOM

---

**Nachrichtentypen in EANCOM zwischen Kunde und Lieferant**

**Stammdaten**

| | |
|---|---|
| PARTIN | Partnerstammdaten |
| PRICAT | Preisliste/Katalog |

**Bewegungsdaten**

| | |
|---|---|
| DESADV | Liefermeldung |
| IFTMIN | Transport-/Speditionsauftrag |
| INVOIC | Rechnung |
| ORDCHG | Bestelländerung |
| ORDERS | Bestellung |
| ORDRSP | Bestellbestätigung |
| QUOTES | Angebot |
| RECADV | Wareneingangsmeldung |
| REMADV | Zahlungsavis |
| REQOTE | Anfrage |
| TAXCON | Steuernachweis |

**Berichts- und Planungsnachrichten**

| | |
|---|---|
| CONTROL | Syntax- und Servicebericht |
| DELFOR | Lieferabruf/-plan |
| INVRPT | Bestandsbericht |
| SLSFCT | Verkaufsprognose |
| SLSRPT | Verkaufsdatenbericht |

**Allgemeine Nachrichten**

| | |
|---|---|
| GENERAL | Allgemeine Nachricht |

Quelle: Centrale für Coorganisation, EANCOM, Teil II, S. 7.

## 2.2.3 Strukturvergleich der Datenaustauschformate

Sowohl SEDAS, als auch EANCOM haben mit ihren Unterschieden spezielle Einsatzgebiete und -möglichkeiten. Wird zur Kommunikation nur eine einfache und effiziente Variante zur Übermittlung gesucht, bietet sich SEDAS mit seiner begrenzten Darstellungsmöglichkeit zur Abwicklung von Routinen auf nationaler Ebene an. EANCOM eignet sich hingegen für die Geschäftsabwicklung von Fertigprodukten im Konsumgüterbereich. Die Anwendung ist dabei aber auf den Kreis der EAN-Code-Anwender beschränkt.[126] Die eben genannten Unterschiede, aber auch die Gemeinsamkeiten dieser beiden Austauschstrukturen, lassen sich an abweichenden Inhalten in den Segmenten bestimmen. Betrachtet wird dabei auch die internationale und branchenübergreifende Norm UN/EDIFACT, die für alle Bereiche der Wirtschaft, für Güter und Dienstleistungen, einsetzbar ist.[127]

Schon bei der Partneridentifikation, Angaben zu Adresse und Ort, bieten EANCOM und SEDAS nur eine Identifikation zu den jeweiligen bbn/bbs- bzw. EAN-Location Code, und beschränken sich somit auf den Einsatz dieses Benutzerkreises. Eine geforderte flexible und detaillierte Angabemöglichkeit, welche außerhalb der Routinegeschäftsvorfälle häufig benötigt wird, bietet nur EDIFACT ohne Subseteinschränkung an. EANCOM beschränkt bei den Lieferbedingungen die Inhalte auf die Incoterms, SEDAS hat gar keine Möglichkeit.[128] Auch bei den Finanzangaben, wie Zahlungsbedingungen, Zahlungsabwicklung, der Bankverbindung oder den Steuer- und Zollangaben, erfüllt lediglich EDIFACT die Bedingungen für eine unbeschränkte Datenübermittlung. Das gilt auch für die Lieferangaben, wobei in EANCOM beispielsweise spezifische Verpackungsangaben der Konsumgüterindustrie zur Verfügung stehen.[129]

## 2.3 Der Nachrichtentyp INVOIC

### 2.3.1 Die Zusammensetzung einer Nachricht

Als Nachricht wird die Summe aller Segmente bezeichnet, die zur Abbildung einer geschäftlichen Transaktion in einer spezifizierten Reihenfolge erforderlich sind. Das mit einem Segment-Bezeichner beginnende Segment umfaßt funktionell zusammenhängende Datenelemente und/oder Datenelementgruppen. Das Datenelement ist damit die kleinste Einheit und

---

[126] Schmoll, Handelsverkehr - elektronisch, weltweit, 1994, S. 105 f.

[127] Ebd., S. 97.

[128] Ebd., S. 97 ff.

[129] Ebd., S. 100 ff.

enthält die zu übertragenden Informationen. Die Zusammenfassung von sachlichen und logischen Elementen bildet eine Datenelementgruppe. Durch die Qualifier wird die Zahl der Bausteine reduziert, in denen Datenelemente mit einer allgemeinen Bedeutung durch den Code eines Qualifiers eine spezielle Bedeutung erhalten und so an Benutzerbedürfnisse angepaßt werden. [130] Im allgemeinen gleicht eine Nachricht dem Inhalt mehrerer traditioneller Papierdokumente, zum Beispiel die den Warenverkehr betreffenden Nachrichtentypen, wie Bestellung, Auftragsbestätigung, Lieferschein oder Rechnung, sind ähnlich dem Papierdokument in Kopf-, Positions- und Summenteil gegliedert. Die Inhalte dieser Gliederung werden im nächsten Abschnitt am Beispiel der Rechnungsdaten verdeutlicht. [131]

### 2.3.2 Die INVOIC-Struktur

Die folgende Tabelle der Segmentgliederung der INVOIC-Nachricht soll den Aufbau übersichtlich darstellen. Die Nachricht setzt sich aus Muß- und Kann-Segmenten zusammen. Zu einer vollständigen Nachricht müssen die Muß-Elemente (grau unterlegt) mindestens einmal an der entsprechenden Stelle stehen. Es gibt Kann-Segmente, die bei der Wahl dieser Gruppe wiederum ausgefüllt werden müssen (hellgrau unterlegt), und andere, die wirklich nur bei Bedarf mit Inhalt versehen werden. Die in den Klammern angegebenen Zahlenwerte stehen für die Häufigkeit des jeweiligen Segments bzw. der Elementgruppe. Der erste Wert gibt dabei die niedrigste Wiederholbarkeit, der zweite die maximale Wiederholbarkeit, an.

Im Kopfteil der INVOIC-Nachricht befinden sich die Segmente, die Angaben zur gesamten Rechnung enthalten. Das sind beispielsweise Adressdaten des Bestellers, des Lieferortes oder des Rechnungsempfängers. Daneben können im ersten Nachrichtenteil die Rechnung betreffende Zahlungs- oder Transportangaben gemacht werden. Im darauf folgenden Positionsteil stehen die Informationen, die nur eine bestimmte Rechnungsposition beschreiben. Das sind Produktidentifikationen und sämtliche Angaben, wie Menge, Preis, Verpackung oder produktspezifische Zu- bzw. Abschläge. Im dritten Abschnitt der INVOIC-Nachricht befinden sich die Segmente mit den für den Zahlungsablauf wichtigen Summen des Positionsteils.

---

[130] Schmoll, Handelsverkehr - elektronisch, weltweit, 1994, S. 80 ff.

[131] Ebd., S. 83 f.

Tabelle 3: Segmentgliederung des EANCOM-Nachrichtentyps INVOIC

**Segmentgliederung des EANCOM-Nachrichtentyps INVOIC**

Nachrichten-Kopfsegment (1;1)
Beginn der Nachricht (1;1)
Datum (1;35)
Zahlungsangaben (0;1)
Zusätzliche Angaben (0;5)
Freier Text (0;10)

RFF (0;10) Referenzangaben (1;1) Datum/Uhrzeit/Zeitspanne (0;5)
NAD (0;20) Name und Anschrift (1;1) (0;9999) Referenzangaben (1;1) (0;5) Ansprechpartner (1;1)
 Kommunikationsverbindung (0;5)

TAX (0;5) Zoll/Steuern/Gebühren (1;1)
CUX (0;5) Währungsangaben (1;1) Datum/Uhrzeit/Zeitspanne (0;5)
PAT (0;10) Zahlungsbedingungen (1;1) Datum/Uhrzeit/Zeitspanne (0;5)
 Prozentangaben (0;1)
 Geldbetrag (0;1)

TDT (0;10) Transporteinzelheiten (1;1)
TOC (0;5) Lieferbedingungen (1;1) Ortsangabe (0;2)
ACC (0;15) Zu- oder Abschlag (1;1) (0;1) Menge (1;1)
 (0;1) Prozentangaben (0;1)
 (0;2) Geldbetrag (1;1)
 (0;1) Tarifangaben (1;1)
 (0;5) Zoll/Steuern/Gebühren (1;1) Geldbetrag (0;1)

LIN (0;200000) Positionsdaten (1;1) Zusätzliche Produktidentifikation (0;25)
 Produkt-/Leistungsbeschreibung (0;10)
 Maße und Gewichte (0;5)
 Menge (0;5)
 Zusätzliche Angaben (0;5)
 Datum/Uhrzeit/Zeitspanne (0;35)
 Mengenabweichung (0;1)
 Freier Text (0;5)

MOA (0;5) Geldbetrag (1;1)
PAT (0;10) Zahlungsbedingungen (1;1) Datum/Uhrzeit/Zeitspanne (0;5)
 Prozentangaben (0;1)
 Geldbetrag (0;1)

PRI (0;25) Preisangaben (1;1)
RFF (0;10) Referenzangaben (1;1) Datum/Uhrzeit/Zeitspanne (0;5)
PAC (0;10) Packstück/Verpackung (1;1) Maße und Gewichte (0;10)
LOC (0;9999) Ortsangabe (1;1) Menge (0;100)
 Datum/Uhrzeit/Zeitspanne (0;5)

TAX (0;5) Zoll/Steuern/Gebühren (1;1) Geldbetrag (0;1)
NAD (0;20) Name und Anschrift (1;1) (0;5) Referenzangaben (1;1)
ALC (0;15) Zu- oder Abschlag (1;1) Zusätzliche Angaben (0;5)
 (0;1) Menge (1;1)
 (0;1) Prozentangaben (1;1)
 (0;2) Geldbetrag (1;1)
 (0;1) Tarifangaben (1;1)
 (0;5) Zoll/Steuern/Gebühren (1;1) Geldbetrag (0;1)

TDT (0;10) Transporteinzelheiten (1 ;1)

Abschnitts-Kontrollsegment (1;1)
Abstimmsumme (0;10)
(1;100) Geldbetrag (1;1)   (0;1) Referenzangaben (1;1)   Datum/Uhrzeit/Zeitspanne (0;5)
        TAX (0;10) Zoll/Steuern/Gebühren (1;1)           Geldbetrag (0;2)
        ALC (0;15) Zu- oder Abschlag (1;1)               Zusätzliche Angaben (0;1)
                                                          Geldbetrag (0;2)
Nachrichten-Endsegment (1;1)

                                                    Muß-Segment
                                                    Muß-Segment bei Wahl
                                                    eines Kann-Segments

Quelle: eigene Erstellung in Anlehnung an COGNI GmbH (Hrsg.): Kommentierte EANCOM-Nachrichten, Köln 1995.

### 2.3.3 Darstellung einer INVOIC-Nachricht

Die folgendende Abbildung zeigt, welche Daten einer Rechnung im Rasterformat auf einem Papierdokument enthalten sind und wie sie in eine INVOIC-Nachricht umgesetzt wurden. Als Beispiel dient eine mögliche Handelsrechnung eines Teppichbodenlieferanten, der mit einer Abrechengesellschaft der Branche bereits elektronischen Datenaustausch im EANCOM-Format betreibt. Die Rechnungsabbildung ist eine beim Lieferanten erstellte Beispielrechnung. Die Rechnung, in Form der INVOIC-Daten, wird von der Abrechengesellschaft verarbeite, mit ergänzenden Daten versehen und zur Weiterleitung als Papierbeleg ausgedruckt. Dabei werden die ursprünglichen Daten um spezielle Buchungsangaben (Belegnummer, Fälligkeit, Debitor, Kreditor, Skontosatz) ergänzt. Die Skontoangaben der ursprünglichen Herstellerrechnung werden für eine Bearbeitung nicht benötigt, da sie in den vorliegenden Stammdaten bereits vorliegen.

Abbildung 4: Rechnungsbeispiel

```
        008 22513 16    00


        FHG FACH-HANDELS-
        GESELLSCHAFT MBH & CO.
        DRÜHLER STR. 55                       90008
                                                67/10           Seite:  1
    D    42657    SOLINGEN                    04.10.96


                                             96 69361 - 0001
                                             01.10.96
                                             TEL. HR. WEBER



        TEPPICH ESSERS GMBH               L K W
                                          CARDUCK,DÜREN
        ADALBERTSTEINWEG 8                FREI HAUS
    D    52070    AACHEN




              ZUSTELLUNG 2.10.1996
              SEPARATER LIEFERSCHEIN SENDEN
   0001   7,30   29,20 TURBO           100 PA     400,0 CM 05035/93    40,00    1168,00 DM    173518D

                                                                               1168,00 DM
              ABZÜGLICH 16  PROZENT UMSATZRABATT                                 186,88 DM
```

```
   SKONTOBERECHTIGT SIND                  1128,29                981,12 DM
   SIE ZAHLEN                             + 15,00 % MWST         147,17 DM


   NACH ABZUG VON 4,00% SKONTO BIS 14.10.96  DM    1083,16
   NACH ABZUG VON 2,25% SKONTO BIS  3.11.96  DM    1102,90
   NETTO                         BIS  3.12.96  DM    1128,29

                                 RECHN-BETRAG                   1128,29 DM
```

Quelle: Beispiel einer möglichen Rechnung

Die gewählte Darstellung der INVOIC-Struktur der Beispielrechnung dient zur besseren Übersicht, da die eigentliche Nachricht als String ohne Zeilenschaltung übertragen wird. Zur leichteren Zuordnung werden die einzelnen Zeilen kurz beschrieben.

Abbildung 5: Rechnung im EANCOM-Format

| EDIFACT - INVOIC (Beispielrechnung) | (Beschreibung) |
|---|---|
| **Kopfteil** | |
| UNH+M961016154908A+INVOIC:90:1:UN:EAN005´ | Nachrichtenreferenz; Nachrichtenkennung; Typ; Version; Verwaltungsorganisation |
| BGM+380+67/10+961004´ | Handelsrechnung; Rechnungsnummer; Datum |
| RFF+VN+693610001RG+961001´ | Lieferantenreferenz; Auftragsnummer, Datum |
| NAD+PD´ | Käuferadresse |
| CTA+PD+:Tel. Hr. Weber´ | Ansprechpartner (Käufer) |
| NAD+DP+++Teppich Essers GmbH+ | Lieferanschrift (Käufer) |
| Adalbertsteinweg 8 – Aachen+ +52070+D´ | |
| NAD+PE+90008´ | Zahlungsempfänger |
| NAD+IV+22513++FHG Fach-Handels- | Rechnungsempfänger (Adresse) |
| :Gesellschaft mbH & Co+Brühler Str. 55+ | |
| Solingen+ +42657+D´ | |
| DTM+209+000000´ | Valuta-Datum |
| DTM+266+961000´ | Fälligkeitsdatum |
| TRI+VAT++0.15´ | Mehrwertsteuerangabe |
| TDT+++++:LKW: Carduck, Düren+: :frei Haus´ | Transporteinzelheiten |
| **Positionsteil** | |
| UNS+D´ | Abschnittkontrollsegment |
| LIN+1+4++Textsatz:SA+++0´ | Positionsangaben (Zeile 1 von 4) |
| IMD++++Zustellung 2.10.1996´ | Produkt-/Leistungsbeschreibung |
| LIN+2+4++Textsatz:SA+++0´ | Positionsangaben (Zeile 2) |
| IMD++++Separater Lieferschein senden´ | Produkt-/Leistungsbeschreibung |
| LIN+3++7711:SA++:7.3+40+29.2+1168´ | Positionsangaben (Zeile 3) |
| IMD++++Turbo: 100 PA´ | Produkt-/Leistungsbeschreibung |
| IMD++04++05035´ | Produkt-/Leistungsbeschreibung |
| IMD++35++93´ | Produkt-/Leistungsbeschreibung (Farbe) |
| PAC+++F´ | Verpackung (free form) |
| MEA+PD+LN+MTR:0´ | Maßangaben: Länge in Meter |
| MEA+PD+WD+MTR:400´ | Maßangaben: Breite in Meter |
| API+BG++981.12´ | zusätzliche Preisangaben (Nettopreis) |
| LIN+4+4++Textsatz:SA+++186.88´ | Positionsangaben (Zeile 4) |
| IMD++++Abzüglich 016 Prozent Umsatzrabatt´ | Produkt-/Leistungsbeschreibung |
| **Summenteil** | |
| UNS+S´ | Abschnittkontrollsegment - Summierung |
| TMA+1128.29++981.12+147.17´ | Endsummen der Nachricht (brutto, netto, MwSt) |
| ALC+A+++1++16´ | Abschlag von 16% |
| ALC+A+++2++0´ | |
| UNT+30+M961016154908A´ | Endsegment; Anzahl der Segmente, Referenznummer |

Quelle: eigene Erstellung in Anlehnung an Beispielrechnung und EDIFACT-Datei des Herstellrs

## 2.3.4 Branchenstandards

Herausgegriffen aus der Vielzahl der Segmente mit den speziellen Branchenempfehlungen zur Benutzung und zum Inhalt, werden am NAD-Segment aus dem Kopfteil und am LIN-Segment aus dem Positionsteil die Auswirkungen der Empfehlungen und die Unterschiede zum EDIFACT-Standard verdeutlicht. Als Grundlage dienen die kommentierten EANCOM-Nachrichten der CCG und der Firma COGNIT.

Im NAD-Segment ist die Angabe eines Qualifiers im Datenelement 3035 sowohl in EDIFACT als auch in EANCOM ein Muß. Es stehen folgende Qualifier zur Wahl, deren Anzahl innerhalb der Branche aber bereits eingeschränkt wurden:

     BY (*)  = Käufer

     CN    = Empfänger

     DP (*)  = Lieferanschrift (wohin die Ware geliefert wird)

     II (*)   = Rechnungssteller

     IV (*)  = Rechnungsempfänger

     PE    = Zahlungsempfänger

     RB    = empfangendes Kreditinstitiut

     SE    = Verkäufer

     SN    = Lagernummer

     SR    = Beauftragter/Agent des Lieferanten

     SU (*)  = Lieferant/Fabrikant[132]

(*) werden von der Branche empfohlen, zuzüglich PR = Zahlungspflichtiger (Partner, der die Zahlung initiiert).

Zur Identifikation wird die Kann-Datenelementgruppe (C082) zur Verwendung empfohlen und sollte mit der eindeutigen ILN im Muß-Element 3039, Identifikation der Beteiligten, gefüllt werden. Damit unterliegen die uncodierten Adreßangaben in den weiteren Kann-Datenelementgruppen, Name des Beteiligten, Straße, Ort, Postleitzahl und Land, der optionalen Verwendung des Anwenders. Das Kann-Segment Name und Anschrift wird im

---

[132] COGNIT GmbH (Hrsg.), Kommentierte EANCOM-Nachrichten, 1995, S. 9.1.

EANCOM ausgelassen, weil nur ein unstrukturierter Adreßinhalt möglich ist. Bei Verwendung der Kann-Datenelementgruppe muß mindestens ein Datenelement ausgefüllt werden. Für die codierten Elemente ist eine Feldlänge von drei Zeichen (alphanumerisch), für die Klartext beinhaltenden Elemente eine Feldlänge von 35 Zeichen (alphanumerisch) vorgegeben. Für den Inhalt des codierten Kann-Datenelementes 3055, verantwortliche Stelle für die Codepflege, steht im EANCOM nur der Codewert "EAN" zur Verfügung.

Beim Einsatz des Nachrichtentyps müssen folgende Verpflichtungen eingehalten werden: "Das NAD-Segment wird zur Identifikation der Geschäftspartner genutzt, die die Rechnung betrifft. Käufer und Lieferant von Gütern und Dienstleistungen müssen in der Rechnung angegeben werden. Zusätzlich müssen Rechnungssteller und Rechnungsempfänger identifiziert werden, wenn sie von den liefernden und kaufenden Firmen abweichen. Empfänger oder Lieferanschrift werden spezifiziert, wenn es sich nicht um den Käufer handelt." [Zitat][133]

Beim zweiten ausgewählten Segment lauten die verpflichtenden Angaben: "Das LIN-Segment kennzeichnet den Beginn des Positionsteils der Rechnung. Der Positionsteil wird durch Wiederholung von Segmentgruppen gebildet, die immer mit einem LIN-Segment beginnen. Jedes LIN-Segment bezieht sich jeweils auf ein berechnetes Produkt." [Zitat][134] Die Positionsnummer im Datenelement 1082 ist eine vom Programm zu vergebende Positionsnummer. Inerhalb der Kann-Datenelementgruppe C212, Waren-/Leistungsnummer, Identifikation, ist es in EANCOM erforderlich, eine Artikelnummer im Kann-Datenelement 7140, Produkt-/Leistungsnummer, einzutragen. In dieses von 35 alphanumerischen auf 14 numerische Zeichen reduzierte Datenelement sollte, falls vorhanden, die EAN eines Artikels eingetragen werden.

Alle Datenelemente zu diesen vorgestellten Segmenten sind in einer Tabelle im Anhang mit dem Status (Kann oder Muß), dem Datenformat und der Länge des Datenelementes aufgelistet.

---

[133] COGNIT GmbH (Hrsg.), Kommentierte EANCOM-Nachrichten, 1995, S. 9.3.
[134] Ebd., S. 30.2.

# 3 EANCOM - Einführung in ein Handelsunternehmen

## 3.1 Unternehmensvorstellung

### 3.1.1 Das Unternehmen

Der Praxisteil dieser Arbeit bezieht sich auf die Holding-Gesellschaft einer Firmengruppe bestehend aus rund 80 Filialen und Tochterfirmen mit 900 Mitarbeitern und einem Umsatz für 1996 von über 110 Mio. DM. Die Firmen-Gruppe umfaßt Filialen und Gesellschaften in Deutschland, sie ist mit 30 Fachmärkten vor allem in den neuen Bundesländern, in Tschechien, der Schweiz und Produktionsstätten in Frankreich und den Niederlanden vertreten.

### 3.1.2 Das Datenverarbeitungssystem der Firmen-Gruppe

Seit einigen Jahren wird ein Warenwirtschaftssystem für den Einzelhandel durch eine hausinterne EDV-Abteilung auf einem Client-Server-System für die angeschlossenen Häuser entwickelt. Unter einer Benutzeroberfläche sind unterschiedlichste Module zur Verwaltung von Stammdaten und zur Abwicklung des Verkaufs aufzurufen. Die einzelnen Programme zur Pflege von Artikel-, Lieferanten-, Firmen-, Kunden- und Personaldaten wurden, wie der warenwirtschaftliche Teil aus Bestell-, Warenbewegungs- und Inventurprogrammen, den speziellen Anforderungen des Teppichhauses angepaßt. Auch der Bereich Verkauf berücksichtigt im Kassen-, Angebots- und Rechnungsmodul die entsprechenden Eigenheiten.

Dem Einzelhandelssystem liegt die Struktur einer relationalen Datenbank mit einer Structured Query Language (SQL), die am meisten verbreitete Abfragesprache, zugrunde. Die Idee dieses Modells besteht darin, Anwenderprogramme und Dateien so zu trennen, daß auf sich ändernde Problemstellungen reagiert werden kann, ohne redundante oder inkonsistente Daten zu erhalten.[135] Dabei werden verschiedene Tabellen, bestehend aus Zeilen (Datensätzen) und Spalten (Attributen), über Identifikations- und Fremdschlüssel miteinander verbunden. Mit dem

---

[135] Marsch, SQL, 1993, S. 2.

Identifikationsschlüssel einer Spalte oder einer Spaltenkombination wird genau ein Datensatz angesprochen.[136] Auch der Fremdschlüssel entspricht einem Identifikationsschlüssel, wird aber als Verbindungsglied zwischen zwei in Verbindung miteinander stehenden Tabellen genutzt.[137] Der spezielle Aufbau des Datenbanksystems wird unter "Vorbereitungen zur Einführung" vorgestellt.

Mit der strukturierten Abfragesprache SQL werden alle wesentlichen Aktivitäten in der Datenbank, wie Tabellen erzeugen, löschen, verändern oder abfragen, erledigt. Es handelt sich um eine logische, mengenorientierte, nicht-prozedurale Sprache. Das heißt, Anweisungen werden nicht Schritt für Schritt abgearbeitet, sondern es gibt nur eine logische Beschreibung des erwünschten Resultats. Dabei wird die Tabelle nicht satzorientiert verarbeitet, vielmehr werden die Datensätze als eine Datenmenge betrachtet. Die einfach klingende Handhabung von SQL wird hauptsächlich durch das Abfragen einer Datenbank mit mehreren, untereinander verknüpften Tabellen erschwert. Genau diese Problematik ist der Normalfall.[138]

Seit kurzem besteht ein Managementsystem, ebenfalls eine Eigenentwicklung der EDV-Abteilung, die Möglichkeit, übersichtliche Auswertungen der gesamten Firmen-Gruppe von betriebs-wirtschaftlich relevanten Ist- und Planzahlen wie Umsatz, Rohertrag oder Bestandswerten zu erhalten. Durch einen automatischen täglichen Datenaustausch werden diese Daten aus den angeschlossenen Filialen in die Zentrale übertragen. Daneben werden auch Bestelldaten abgefragt und der Markt mit neuen oder geänderten Stammdaten versorgt.

---

[136] Marsch, SQL, 1993., S. 8.

[137] Ebd., S. 23.

[138] Ebd., S. 31 ff.

Abbildung 6: DV-Systeme im Unternehmen

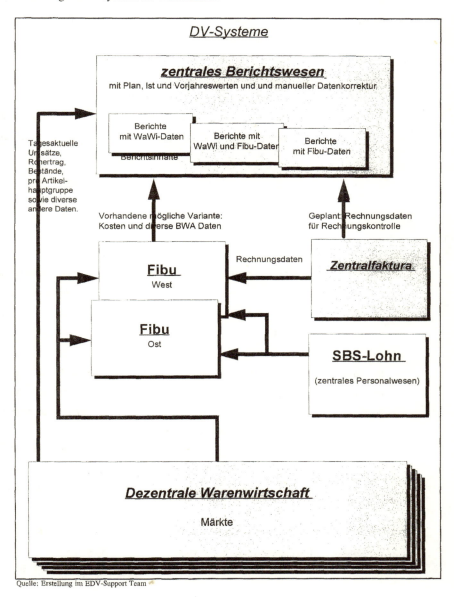

Quelle: Erstellung im EDV-Support Team

In der Buchhaltung wird ein Finanzbuchhaltungs- und Management-Informations-System der Firma FibuNet eingesetzt. In das Softwarepaket wurde das gesamte Steuerrecht, sofern es die Finanzbuchhaltung betrifft, integriert. Die Verarbeitung erfolgt in einer 100%igen Dialogverbuchung. Dies bedeutet, daß nach der Buchungserfassung keine Stapelverarbeitungsabläufe stattfinden. Somit soll die beste Datensicherheit gewährleistet werden. Unlogische Buchungen lehnt das System schon bei der Eingabe ab. Buchungsrelevante Daten können im ASCII-Format zur Weiterverarbeitung in externen Programmen zur Verfügung gestellt werden. Und auch die Datenübernahme erfolgt über vorhandene oder zu programmierende Schnittstellen.[139]

### 3.1.3 Unternehmensvorstellung zum EDI-Einsatz

Wie bereits erwähnt, wird ein Warenwirtschaftssystem in den angeschlossenen Filialen eingesetzt. Der tägliche Datenaustausch versorgt die Zentrale und entsprechend den jeweiligen Markt mit allen relevanten Daten. Dabei werden sowohl Artikelinformationen, Bestellungen und Wareneingänge als auch Umsätze, die Grundlage des aktuellen Informationssystems sind, im Inhouse-Format ausgetauscht.

Die folgende Abbildung beschreibt den Ist-Ablauf des Informationsflusses von Rechnungs- bzw. Bestelldokumenten. Die Bestellung erfolgt über die üblichen Kommunikationsmittel, das heißt mündlich per Telefon oder schriftlich per Fax. Die Rechnungsdokumente werden ausschließlich unter Nutzung des Postweges übermittelt. Einschränkend muß der elektronische Datenaustausch mit einigen wenigen Lieferanten der Abrechengesellschaft (FHG) erwähnt werden. Ansonsten verdeutlicht das Schaubild den umfangreichen Informationsaustausch, als Serviceleistung der unterschiedlichen Dienstleistungsgesellschaften, der den direkten Warenfluß vom Lieferanten bis zum Markt begleitet.

Die genaue Kenntnis dieses Ist-Ablaufes ist für die Erstellung eines Soll-Konzeptes, besonders unter Berücksichtigung der wirtschaftlichen Gesichtspunkte (siehe 4. Kapitel), unverzichtbar.[140]

---

[139] FibuNet, Buchhaltung aus dem Effeff, Prospektunterlagen.

[140] Killer, Unternehmensübergreifende Geschäftsprozeßoptimierung, in EDI in der Praxis, 1994, S. 71.

Abbildung 6: Informationsfluß von Bestell- und Rechnungsdaten

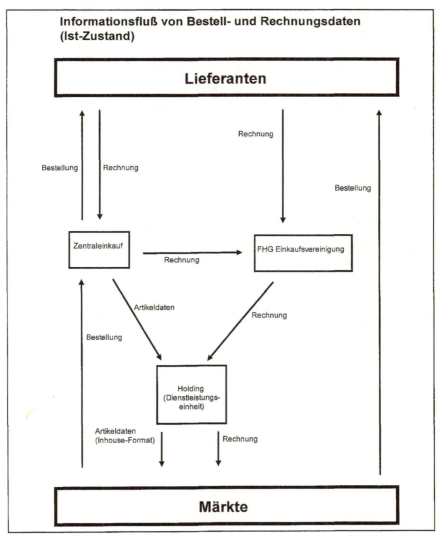

Quelle: eigene Erstellung nach Ablaufanalyse des Informationsflusses

Durch den Einsatz von EANCOM, beginnend mit dem Nachrichtentyp INVOIC, soll nun auch eine echte Datenkommunikation mit externen Partnern gestartet werden. Dabei bieten sich im Unternehmensverbund mehrere Einsatzmöglichkeiten mit entsprechender Weiterverarbeitung an. Bezogen auf den Datenaustausch befindet sich das Unternehmen entweder in der Situation des Kunden oder in der des Lieferanten. Im Zentraleinkauf können eingehende EANCOM-Rechnungen der Lieferanten in das Fakturierungsmodul zur Weiterberechnung an die Märkte eingelesen werden. Gleichzeitig kann eine automatische Rechnungskontrolle mit den vorhandenen Bestell- beziehungsweise Artikeldaten stattfinden. Da der Zentraleinkauf als eigenständige Gesellschaft die Marktrechnungen vertragsbedingt über die Einkaufsvereinigung abrechnet, können die Daten direkt als EANCOM-File geliefert werden. Diese Abrechengesellschaft erhält ihrerseits bereits von mehreren Lieferanten EANCOM-Rechnungen im Echtbetrieb.

Ein weiteres Einsatzgebiet wäre im Organisationsablauf bei der Holding des Unternehmens-verbundes. Hier besteht ebenfalls die Möglichkeit, empfangene EANCOM-Rechnungen sowohl von Lieferanten als auch von der Einkaufsvereinigung dem Programm der Zentralfaktura zur Verfügung zu stellen. Dort dienen die Daten zur Erstellung der Rechnungsbelege an den einzelnen Markt.

Abbildung 8: Informationsfluß von Bestell- und Rechnungsdaten mit EANCOM-Unterstützung

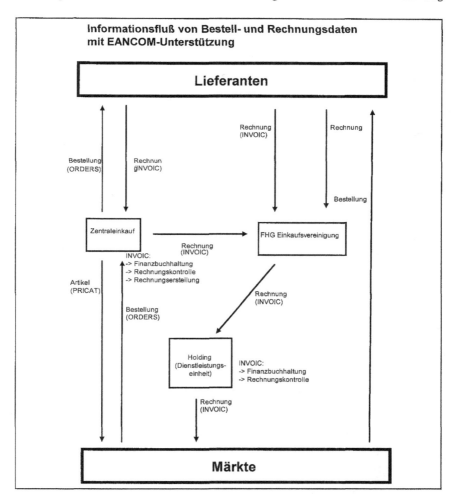

Quelle: eigene Erstellung in Anlehnung an Ist-Analyse des Informationsflusses

In der Abbildung des Informationsflusses wird die Einzatzmöglichkeit von EANCOM bei Rechnungen und Bestellungen aufgezeigt. Dieselben Daten werden in mehreren Firmen zur Rechnungserstellung benötigt und zur Zeit an allen Stellen zur Verarbeitung erneut in der jeweiligen Datenverarbeitung erfaßt. Das Ziel ist es, genau den Zustand durch den Einsatz von

EANCOM zu ändern, so daß die Daten im Kommunikationskreislauf nur einmal erfaßt und in jeder Stufe entsprechend verarbeitet werden.

## 3.2 Ziele der EANCOM-Einführung

### 3.2.1 Strategische Ziele

Im Rahmen der Globalisierung der Märkte, weltweit aber auch innerhalb der Europäischen Gemeinschaft, kommt es zu einem immer größer werdenden Konkurrenzdruck der Unternehmen untereinander. Als Voraussetzung für den langfristigen Erfolg ist die internationale Wettbewerbsfähigkeit zu sehen. Dabei sind Flexibilität, Reaktionszeiten und die Informationsbereitstellung wichtige Wettbewerbsfaktoren. Es wird mit erheblichen Kosten-einsparungen durch eine Reduzierung der Bürokratie und damit einer zügigeren Abwicklung des Warenverkehrs gerechnet.[141] Die damit verbundene bessere Serviceleistung wird in zunehmendem Maße als Mittel zur Produktdifferenzierung eingesetzt.[142]

Als strategischer Wettbewerbsvorteil wird einerseits die Verbesserung der Planungs- und Distributionssicherheit für logistische Dienstleister, in diesem Fall der ESSERS-Dienstleistungseinheit, gesehen. Grundlage ist die Trennung des Informationsflusses von dem Warenfluß. Andererseits sollen die Beschäftigten durch den Wegfall von Routinearbeiten und einer damit verbundenen Stellenaufwertung motiviert werden. Diesen strategischen Wettbewerbsvorteilen liegen operative Vorteile zugrunde, wie zum Beispiel dem Wegfall der Datenerfassung und einer damit verbundenen Fehlerreduktion. Desweiteren werden eine Beschleunigung der Kommunikation und des Warenverkehrs und einer Senkung der Portokosten erreicht.[143]

---

[141] Schmoll, Handelsverkehr - elektronisch, weltweit, 1994, S. 13.

[142] Müller-Berg, Electronic Data Interchange (EDI), in Zeitschrift Führung und Organisation Nr. 3, 1993, S. 178.

[143] Schmoll, Handelsverkehr - elektronisch, weltweit, 1994, S. 37 f.

Abbildung 9: Ziele für die EANCOM-Einführung

Ziele für die EANCOM-Einführung

Datenerfassung
. keine Mehrfacherfassung
. Senkung der Eingabefehler
. schneller Informationsfluß

Rechnungskontrolle
. automatische Prüfung der Rechnungen mit Bestellungen bzw. Lieferungen
. Senkung der Fehlerquote durch EANCOM-Einsatz

Rechnungsarchivierung
. leichte Suche und Anzeige an jedem beliebigen Arbeitsplatz
. Einsparungen beim Verfilmungsaufwand

Artikelinformationen
. Problemlose Listungserstellung ausgewählter Artikel ohne eigene manuelle Eingabe
. Aktualität der Daten

Quelle: eigene Erstellung

## 3.2.2 Organisatorische Ziele

Der EANCOM-Einsatz führt neben den Kostensenkungen zu Zeitersparnissen und ermöglicht eine optimale Nutzung der Mitarbeiterführung. Ziele sind die Gestaltung eines produktiveren Personaleinsatzes, die Minimierung von Fehlerraten, Verkürzung der Bearbeitungszeit von Routinevorgängen, eine Verbesserung des Informationsflusses und der Möglichkeiten im Rahmen logistischer Aufgaben, die Senkung der Verwaltungskosten und eine engere Kooperation mit Geschäftspartnern.[144] Die stärkere Verkettung mit externen Partnern und die Änderung der internen Ablauforganisation werden von den unter Lean-Management geplanten Veränderungen gefaßt. Kernziele dieses Management-Begriffs sind Automatisierung und Rationalisierung des Unternehmensablaufes. Ziele, zu deren Erreichung der Einsatz von EANCOM einen wesentlichen Beitrag leistet. Eine zentrale Forderung von Lean-Management ist in diesem Zusammenhang die vermehrte Nutzung von Teamarbeit. Durch EANCOM kann die dazu benötigte Informationsbasis geschaffen werden. Jedem Anwender liegen damit

---

[144] Schmoll, Handelsverkehr - elektronisch, weltweit, 1994, S. 224.

zeitgleich alle notwendigen Daten vor. Auch eine Auslagerung von Aufgaben und Funktionen an externe Partner zum Zwecke von Effizienzsteigerungen und Kosteneinsparungen wird erst durch EANCOM möglich.[145]

Weiteres Ziel der EANCOM-Einführung sollte eine automatisierte Integration in die vorhandenen Anwendungen sein. Dazu müssen die manuellen Vorgänge analysiert und durch die Automation neue Abläufe generiert werden. Falls für eine Integration noch aufwendige Plausibilitätsprüfungen zu durchlaufen sind, deren Realisation aber unrentabel sind, kann die Datenübernahme trotz einer nachträglichen manuellen Bearbeitung vorteilhaft sein.[146]

Durch den EANCOM-Einsatz bei internen Abläufen werden in der Regel manuelle Prozesse durch automatische Routine ersetzt. Dabei sollten eingehende Nachrichten sofort jede betroffene Aktion selbständig auslösen und ausgehende Nachrichten mit den notwendigen Daten ergänzt werden. Durch diesen Einsatz können Arbeitsprozesse optimiert, zusätzliche Arbeits- schritte eingespart und Sortier- und Ablagevorgänge vereinfacht werden. Die Wege und die damit verbundenen Arbeitsabläufe, die von Papierdokumenten in einem Unternehmen zurück- gelegt werden, verkürzen sich und müssen neu organisiert werden.[147] Diese Umorganisation der Abläufe sollte mit einer Vorbereitung der betroffenen Mitarbeiter beginnen. Vor allem aufgrund des Wegfalls der Papierbelege, auf deren Sicherheit vertraut wird, bedarf es einer intensiven Sensibilisierung für EANCOM. Der jeweilige Sachbearbeiter bekommt die zu bearbeitenden Dokumente nicht mehr vorgelegt, sondern muß die Daten über ein Informations- system entsprechend abfragen.[148] Zu dieser Organisation gehört auch der Ablauf ausgehender und eingehender EANCOM-Nachrichten mit Beachtung der im folgenden aufgezählten Aspekte: Sofortiges oder zeitversetztes Weiterleiten eingehender Nachrichten und das Auslösen damit verbundener Aktionen, die Beachtung von Sicherheitsmechanismen beim Empfang bzw. der Weiterleitung und die Nutzung von Billigtarifen beim Versand. Desweiteren sollte eine Zeitplanung der zu versendenden Nachrichten erstellt und eine exakte Protokollierung vorgenommen werden.[149]

---

[145] Scheuber, EDIFACT liefert die Grundlage für Lean-Management, in PC-Magazin Nr. 1/2, 1995, S. 36 f.

[146] Deutsch, Unternehmenserfolg mit EDI, 1995, S. 100 f.

[147] Ebd., S. 106.

[148] Ebd., S. 179 ff.

[149] Deutsch, Unternehmenserfolg mit EDI, 1995, S. 112, Tab. 3.11: Planung des täglichen Ablaufes.

### 3.2.3 Einsatzpotentiale

Bevor EANCOM eingesetzt wird, sollten entsprechende Kommunikationspartner ausgewählt werden. Dabei ist von Bedeutung, mit welchen Kommunikationsarten und mit welcher Häufigkeit eine Verbindung aufgebaut wird. Die Wahl sollte so gestaltet sein, daß der Partner gleiche Voraussetzungen in der Datenverarbeitung mitbringt, mit ihm genügend Nachrichten-dokumente ausgetauscht werden und er somit ein hohes Potential an zukünftigem elektronischen Datenaustausch birgt. Wichtige Indikatoren sind damit der Prozentsatz der insgesamt ausgetauschten Dokumente und das Umsatzvolumen eines möglichen Partners. Intern sollte die Verarbeitung der dann erhaltenen Daten zu einer möglichst großen Arbeitserleichterung führen.[150] Rationalisierungspotentiale werden nur dann erschlossen, wenn sich eine entsprechende Zahl von Partnern findet, mit denen ein hoher Prozentsatz der ausgetauschten Belege abgedeckt wird.[151]

Im Hinblick auf das vorhin aufgezeigte Modell des Informationsflusses, bietet sich als Kommunikationspartner für das Unternehmen die Fach-Handels-Gesellschaft (FHG) an. Als Abrechengesellschaft liefert sie wöchentlich etwa 250 bis 300 Fakturierungen an die Dienstleistungseinheit. Das Volumen entspricht hier fast 70 Prozent des Wertes der gesamten Rechnungen, mit der Absicht, den Rechnungsanteil über die FHG noch zu erhöhen. Das Volumen wurde mittels des gesamten Wareneinsatzes, sowohl aus 1995 als auch aus 1996 ermittelt. Ein weiteres Kriterium sind die bereits vorhandenen EANCOM-Kenntnisse bei der FHG, die mit einigen Lieferanten bereits einen Datenaustausch mit dem Nachrichtentyp INVOIC im Echtbetrieb ausüben.

Die zur Firmen-Gruppe gehörende Einkaufsgesellschaft wickelt ihre gesamten Rechnungen über die FHG ab und stellt damit ebenfalls ein großes EANCOM-Potential zur Verfügung. Das Volumen umfaßt etwa 1000 Rechnungen pro Monat. Hier könnte auch ein elektronischer Datenaustausch erhaltener Rechnungen mit umsatzstarken Geschäftspartnern ansetzen. Durch eine Konzentrierung auf wenige Lieferanten wird bereits eine gewisse Preisstrategie verfolgt. Die Einbindung möglicher elektronischer Geschäftsdaten in den DV-Ablauf zur Weiter-

---

[150] Schmoll, Handelsverkehr - elektronisch, weltweit, 1994, S. 246 ff.

[151] Deutsch, Steiniger Weg zur Rationalisierung, in Einzelhandelsberater Nr. 6, 1996, S. 27.

berechnung eröffnet gleichfalls ein großes Einsparungspotential im Rahmen der Datenerfassung und -kontrolle. Durch eine Verbindung mit der FHG ziehen beide Partner den größten Nutzen, da sie sowohl als Sender als auch als Empfänger elektronischer Daten auftreten und somit alle Vorteile, die EANCOM eröffnet, erschließen. [152]

## 3.3 Vorbereitungen zur EANCOM-Einführung

### 3.3.1 Grundsätzliche Vorüberlegungen

Bei der Einführung von EANCOM ist zu beachten, daß es nur zu 20 Prozent von der Technik abhängt und in vielen Unternehmen bereits eine erforderliche Hardwareausstattung bereitsteht. Zu 80 Prozent ist der Einsatz an die Umorganisation der betrieblichen Abläufe gebunden, weil sich durch EANCOM die Ablauforganisation in den Fachabteilungen ändert. [153] So ermittelte der Bundesverband der Bürowirtschaft in einem Pilotprojekt, daß von 26 typischen Buchhaltungstätigkeiten wie Ablage, Suchen, Buchung oder Preisprüfung durch das EDI-System 21 erledigt wurden und zwei ganz entfielen. Eine sinnvolle Einführung verlangt daher eine Umstellung der Geschäftsabläufe und eine neue Abstimmung von Tätigkeitsbereichen und Formularen. [154]

Durch die Auswirkungen auf die gesamte Unternehmenstätigkeit mit dem Einsatz, erfordert die EANCOM-Einführung in den Betrieb ein konsequentes Projektmanagement. Um die gesamte interne Organisationsstruktur an die neuen technischen Möglichkeiten anzupassen, sind Umstrukturierungen und Umstellungen im Bereich der Aufbau- und Ablauforganisation notwendig. [155] Beginnen sollte das Einführungsprojekt mit einer genauen Analyse des Umfeldbereichs für die zukünftigen Einsatzfelder, sowie einer Prüfung der Wirtschaftlichkeit und der Durchführbarkeit. [156] Die erstmalige Einführung von EANCOM ist damit der

---

[152] Gebker, Implementation des elektronischen Datenaustausches, in EDIFACT Einführung, 991, S. 55.

[153] Jonas, Datenfernübertragung mit Personal Computern, 1992, S. 255.

[154] Raudszus, EDI - Endlose Diskussion statt Innovation, in Office Management Nr. 4, 1994, S. 36.

[155] Müller-Berg, Electronic Data Interchange (EDI), in Zeitschrift Führung und Organisation Nr. 3, 1993, S. 180 f.

[156] Müller-Berg, Electronic Data Interchange (EDI), in Zeitschrift Führung und Organisation Nr. 3, 1993, S. 183.

schwierigste Teil, da es gleichzeitig zu einer Umorganisation von der Papierverarbeitung auf den elektronischen Datenaustausch kommt. Bei der Realisierung sollte daher zunächst auch nur mit einem oder einzelnen Geschäftspartnern begonnen werden, die aber mit ihren übertragbaren Daten einen hohen Anteil am unternehmerischen Gesamtvolumen erreichen können.[157]

### 3.3.2 Erfahrungen und Empfehlungen der Branche

Innerhalb der Teppichbodenbranche gibt es bei den Lieferanten ein großes Interesse, das Bestellwesen mit ihren wichtigen Kunden über EANCOM abzuwickeln. Auch die Zentralfakturierer haben den Nutzen des elektronischen Datenaustausches erkannt und setzen wie die Fach-Handels-Gesellschaft den Nachrichtentyp INVOIC ein. Die Beteiligten tauschen ihre Erfahrungen im sogenannten Infopool aus, der von der COGNIT in Köln organisiert wird. Das Unternehmen COGNIT ist eine Gesellschaft für betriebliche Informations- und Kommunikationssysteme und ist auf Beratung und Projektmanagement auf den Gebieten Organisation, Datenverarbeitung und Telekommunikation spezialisiert. Die Verbände geben die gewonnen Informationen an ihre Mitglieder weiter, mit dem Ziel weitere Teilnehmer zu gewinnen. Dabei sind die aufgewendeten und andererseits eingesparten Kosten und der erhaltene Nutzen natürlich die begehrtesten Auskünfte.

Als ein sehr wichtiges Kriterium für den Kostenfaktor wird der EDV-Durchdringungsgrad einer Unternehmung angesehen. Denn vorhandene Hardware mit entsprechenden Anwendungen für die Warenwirtschaft oder dem Bestell- bzw. Fakturierungswesen vereinfachen und begünstigen die Einführung von EANCOM. Dazu zählt auch vorhandenes EDV-Wissen und eine Aufgeschlossenheit der Geschäftsführung der Datenverarbeitung gegenüber.[158] Keinen Sinn macht es, EANCOM einzuführen, wenn ein Unternehmen beispielsweise bei der Bestell-abwicklung direkt von der Bestellung per Telefon auf die Bestellung per EANCOM umstellen möchte. Die Einführung einer elektronischen Datenverarbeitung in ein Handelsunternehmen sollte heutzutage unter Berücksichtigung des elektronischen Datenaustausches erfolgen.[159]

---

[157] Jonas, Datenfernübertragung mit Personal Computern, 1992, S. 256.

[158] Informationsveranstaltung des GHF: EDIFACT - ein Stiefkind der Branche?, Würzburg 1996.

[159] Deutsch, Steiniger Weg zur Rationalisierung, in Einzelhandelsberater Nr. 6, 1996, S. 28.

Bei bereits umgesetzten EANCOM-Lösungen wird Rationalisierungspotential ausgeschöpft und ein Nutzen aus dem Einsatz gezogen. So konnten Partnerbeziehungen und der damit verbundene Informationsfluß optimiert werden. Beispielsweise ist die Automatisierung des Bestellwesens einer Baumarktkette von der Bestellgenerierung im Markt über die Zentrale bis zum Lieferanten über Nacht gewährleistet. Mit den eingehenden ORDERS erstellt der Lieferant die erforderlichen Lieferscheine, so daß die Ware morgens sofort versandfertig gemacht und noch am selben Tag ausgeliefert wird. Häufige Fehllieferungen durch schriftliche, und im besonderen aber durch mündliche Bestellungen verursacht, werden reduziert.[160]

Bei der automatischen Rechnungskontrolle gibt es nur noch 30 Prozent echte Differenzen (z.B. Mengendifferenz) und mit EANCOM-Kunden keine wirklichen Preisabweichungen mehr. Die häufig erwartete und eventuell erhoffte Personalfreisetzung konnte und brauchte so in keinem Unternehmen verwirklicht zu werden. Das zur Datenerfassung, zum Beispiel in der Auftragsabwicklung, eingesetzte Personal, kann sich nun intensiv um Kundenbetreuung und Service oder um die Sonderbestellungen kümmern, die nur schwer zu automatisieren sind. Auf jeden Fall konnte die Personalkapazität bei zunehmenden Bearbeitungsvolumen gehalten werden.[161]

Für die Einführung in ein Unternehmen wird ein schrittweiser Einstieg mit einem Partner empfohlen. Dabei ist der Zeitbedarf nicht zu unterschätzen und auch der monatliche Folgeaufwand mit etwa zwei Arbeitstagen pro Monat einzuplanen. Im Hinblick auf das papierlose Büro kann angemerkt werden, daß es im internen Ablauf bisher zu keinen merklichen Papiereinsparungen gekommen ist. Möglicherweise ist dies aber in Zukunft bei entsprechender Sensibilisierung der Mitarbeiter für die elektronischen Daten möglich.[162]

### 3.3.3 Der Aufbau der Inhouse-Datenbank

Da das Gesamtkonzept des Anwendungssystems der Inhouse-Datenstruktur auf einer relationalen Datenbank beruht, werden bei der Rechnungserstellung die unterschiedlichsten

---

[160] Informationsveranstaltung des GHF: EDIFACT - ein Stiefkind der Branche?, Würzburg 1996.

[161] Informationsveranstaltung des GHF: EDIFACT - ein Stiefkind der Branche?, Würzburg 1996.

[162] Informationsveranstaltung des GHF: EDIFACT - ein Stiefkind der Branche?, Würzburg 1996.

Tabellen aufgerufen. Die Grunddaten und die Fremdschlüssel einer Rechnung stehen im "Rechnungsverkauf". Die Fremdschlüssel sind der Verweis auf die anderen benötigten Tabellen, wo sie Primärschlüssel sind. Das heißt, dieser Schlüssel definiert genau eine Zeile in der entsprechenden Tabelle eindeutig. Die folgende Abbildung stellt die Zusammenhänge zwischen den benötigten Tabellen (z.B.: Rechnungsposition, Personal, Auftrag, Kunde, oder Artikel) für den Rechnungsverkauf dar. Durch die Erstellung einer Tabelle für den elektronischen Datenaustausch mit einer Verbindung zur Rechnungstabelle kann eine Datei mit sämtlichen für den Nachrichtentyp INVOIC benötigten Daten erzeugt werden. Diese Datei wird vom Konverter gelesen und entsprechend weiterverarbeitet. Für eingehende Lieferantenrechnungen im Nachrichtentyp INVOIC sollte zur besseren Verwaltung ein ähnliches Tabellenmodell aufgebaut werden. Fremdschlüssel dieser Eingangsrechnungen sind die eigenen Referenznummern auf den erhaltenen Rechnungen. Durch die Möglichkeit einer Zuordnung können die eingehenden Daten mit den entsprechenden Inhouse-Daten im Rahmen einer automatischen Rechnungskontrolle verglichen werden.

Abbildung 10: Teildatenmodell Rechnungen

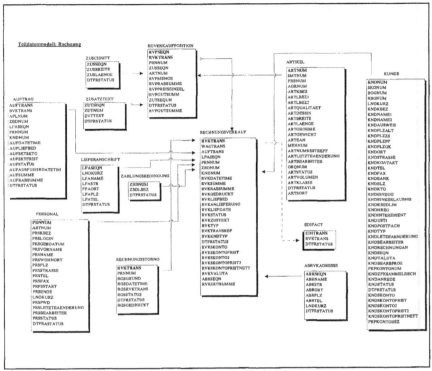

Quelle: eigene Erstellung in Anlehnung an Tabellenaufbau der Inhouse-Datenbank

### 3.3.4 Vergleich der Datenformate

Nach dem erstellten Mapping, der Zuordnung zwischen der Inhouse- und der EANCOM-Nachricht, sollte die Inhouse-Schnittstelle anhand einer maximal gefüllten Testdatei geprüft werden. Dabei ist vor allem eine Überprüfung der Zuordnung notwendig.[163] Durch die Schaffung einer Testumgebung innerhalb der Anwendung, können hier Testdaten in das System einfließen und analysiert werden. Dabei sollte die Testphase schon den geplanten täglichen Ablauf simulieren. Nach ihrem Abschluß folgt ein paralleler Datenaustausch, das heißt sowohl

---

[163] Deutsch, Unternehmenserfolg mit EDI, 1995, S. 153.

auf Papier als auch durch die elektronische Versendung. Die elektronisch erhaltenen Daten werden entsprechend verglichen und in einem nächsten Schritt in das eigene System übernommen, wenn über einen längeren Zeitraum keine Änderungen mehr vorgenommen werden mußten. Während der Parallelphase sollten möglichst alle Varianten geprüft werden. Beim Übergang in den Echtbetrieb sollten die internen Abläufe bereits automatisiert ablaufen. [164]

Zur Erstellung einer INVOIC-Nachricht wurden die Angaben eines Rechnungsbeleges den entsprechenden Segmenten und Elementen nach den Branchenempfehlungen zugeordnet (siehe dazu nachfolgende Zuordnungstabelle). Im Anhang befinden sich Tabellen mit den Segmenten der INVOIC-Nachricht, zu denen es Branchenempfehlungen gibt, und eine Auflistung der empfohlenen Qualifier. Um den Datenaustausch vorteilhafter zu gestalten, sollten beim EANCOM-Einsatz sowohl die EAN-Artikelnummern als auch die ILN, die eindeutige Lieferantennummer, verwendet werden. Dadurch kann die Anzahl der benötigten Elemente verringert werden.

Die Variablen beim Rabatt als auch bei der Positionssumme werden durch eine Verknüpfung anderer Felder ermittelt. So wird die Summe einer Position aus der Multiplikation von Menge und Einzelpreis abzüglich dem Rabatt ermittelt. Auch der Mehrwertsteuerbetrag wird mit einer Variable ausgegeben, welche durch Differenz zwischen Netto- und Bruttosumme einer Rechnung berechnet wird.

---

[164] Deutsch, Unternehmenserfolg mit EDI, 1995, S. 155 ff.

Tabelle 4: Inhouse-Zuordnung der benötigten Segmente aus INVOIC

### Inhouse-Zuordnung der benötigten Segmente aus INVOIC

| Segment | Elemente | Inhouse Zuordnung Tabelle | Feldname | Beispielstring |
|---------|----------|---------------------------|----------|----------------|
| **Rechnungskopfteil** | | | | |
| UNH | 0062; 0065; 0052; 0054; 0051; 0057; | | | UNH+A123456789012B+INV OIC:93A:UN:EAN007' |
| BGM | 1001; 1004; | Rechnungsverkauf | RVKTRANS | BGM+380+11201000117' |
| DTM | 2005; 2380; 2379; | Rechnungsverkauf | RVKDATETIME | DTM+137+19961125:102' |
| RFF | 1153; 1154; | Auftrag | AUFTRANS | RFF+VN:11202000351' |
| DTM | 2005;2380; 2379; | Auftrag | AUFDATEDIME | DTM+137+19961017:102' |
| NAD | 3035;3124;3042; | Kunde | KNDNAME1; | NAD+BY+++Teppich- |
| | 3251; 3164; | | KNDSTRASSE; | freund+Teppichstraße 7+ |
| | | | KNDPLZZ; KNDORT | Aachen++52070' |
| | | Lieferanschrift | LFANAME; | NAD+DP+++Markthalle+ |
| | | | LFASTR;  LFAORT; | Marktplatz 15+ |
| | | | LFAPLZ | Aachen++52070' |
| | | | | NAD+II+++ETB+ |
| | | | | Adenauerstr. 12+ |
| | | | | Würselen++52146' |
| RFF | 1153; 1154; | Kunde | KNDNUM | RFF+API:1120200032' |
| PAT | 4279;2475;2009; 2151; | Rechnungsverkauf | SKONTOFRIST1 | PAT+1++5:3:D:10' |
| PCD | 5245;5482;5249; | Rechnungsverkauf | SKONTO1 | PCD+12+2:13' |
| DTM | 2005;2380;2379; | Rechnungsverkauf | SKONTOFRIST-NETTO | DTM+13:19961225:102' |
| ALC | 5463; 1230; | Rechnungsverkauf | Variable | ALC+A:8.70' |
| **Rechnungspositionsteil** | | | | |
| LIN | 1082; | RGVerkaufposition | RVPSEQN | LIN+1' |
| PIA | 4347;7140; 7143; | RGVerkaufposition | ARTNUM | PIA+1+7001064:SA' |
| IMD | 7077; 7008; | Artikel | ARTBEZ1 | IMD+F++:::Anker 731 KV grün Punkte 400cm' |
| QTY | 6063; 6090; 6411; | RGVerkaufposition | RVPMENGE | QTY+47:10+MTK' |
| MOA | 5025; 5004; | RGVerkaufposition | Variable | MOA+203:207.70' |
| PRI | 5125; 5118; | RGVerkaufposition | RVPPREISEINZEL | PRI+AAA:20.87' |
| **Rechnungssummenteil** | | | | |
| MOA | 5025; 5004; | RGVerkaufposition | RVKSUMME | MOA+79:208.70' |
| | | RGVerkaufposition | RVKGUTSUMME | MOA+86:229,99 |
| TAX | 5283; 5133; 5278; | RGVerkaufsposition | RVPMWSPROZ | TAX+++VAT:15' |
| MOA | 5025; 5004; | RGVerkaufposition | Variable | MOA+79+29.99' |
| UNT | 0074; 0062; | | | UNT+18+A123456789012B' |

Quelle: eigene Erstellung in Anlehnung an COGNIT GmbH (Hrsg.): Kommentierte EANCOM-Nachrichten, Köln 1995.

Zum Einlesen von Rechnungsdaten in das System der Zentralfaktura werden die Daten der in der folgenden Tabelle aufgelisteten Segmente benötigt.

Tabelle 5: benötigte Rechnungsangaben für die Finanzbuchhaltung

| benötigte Rechnungseingaben für die Finanzbuchhaltung | |
| --- | --- |
| | EANCOM-Segment |
| Debitorennummer (Märkte) | NAD+DP / RFF+API |
| Kreditorennummer (FHG) | NAD+II / RFF+API |
| Belegdatum der Rechnung | BGM / DTM |
| Belegnummer der Rechnung | BGM |
| eigene Paginiernummer | [Vergabe bei der automatischen Einbuchung] |
| Nettobetrag der Rechnung | UNS / MOA |
| Mehrwertsteuerbetrag der Rechnung | TAX / MOA |
| Skontosatz | PAT |
| Zahlungsziel (optional) | PAT / DTM |

Quelle: eigene Erstellung nach Mitarbeiterbefragung

### 3.3.5 Der Konverter

Zum elektronischen Datenaustausch wird von den Unternehmen ein EDI-System benötigt, das aus einer Kommunikations- und einer Konvertierungskomponente besteht. In dem Konvertierungsprogramm werden die EDIFACT-Nachrichten in Inhouse-Strukturen und umgekehrt tabellenorientiert hinterlegt. Dafür benötigt der Konverter ein Regelwerk mit den Zuordnungen der beiden Strukturen.[165] Das heißt, jedes EANCOM-Daten-Element wird einem Feld der Inhouse-Datenbank zugeordnet.[166] Zur Vereinfachung der Zuordnung kann ein

---

[165] Röck, Die Flexibilität steckt im Konverter, LAN Line, Heft 9, 1995, S. 122.

[166] Ebd., S. 124.

sogenanntes "Flatfile" erzeugt werden, das eine 1-zu-1 Umsetzung der EDIFACT-Nachrichten-struktur in eine konventionelle Satzstruktur enthält. Dabei hat das Flatfile die Funktion, dem Datenempfänger die erhaltenen Daten aufzuzeigen und die Segmentfolge und verwendeten Qualifier übersichtlich darzustellen.[167] Die für jeden Kommunikationspartner einmalig zu definierende Struktur wird im Konverter hinterlegt und beinhaltet auch den Status der jeweiligen Felder. So wird die fehlende Angabe eines Muß-Feldes schon bei der Konvertierung erkannt und angezeigt.[168]

Grundsätzlich besteht die Möglichkeit einer Eigenentwicklung für die Konvertierung. Dies würde sich aber im Falle des betrachteten Unternehmens nicht lohnen, weil erst das spezielle Fachwissen über EDI aufgebaut und die EDIFACT-Nachrichten bei entsprechender Weiterentwicklung aktualisiert werden müßten.[169] Für zusätzliche Vereinbarungen der Branche und Änderungen in den EANCOM-Nachrichten gilt ebenfalls eine Aktualisierungspflicht, um weiterhin alle Nachrichten verarbeiten zu können.

Im Unternehmen wird das System WINELKE, die elektronische Kommunikations-einrichtung für EDI, der Unternehmensberatung SEEBURGER eingesetzt werden. Bei über 500 Installationen und Erfahrungen in der Teppichbodenbranche, bietet sich dieses Software- und Systemhaus als Konverterlieferant an. In einem vorab zur Verfügung gestellten Programm konnten die im vorherigen Abschnitt erstellten Datenzuordnungen bereits umgesetzt werden. Das WINELKE-System besteht aus einer Basis-, der Kommunikations-, der Konverter- und der Zuordnungskomponente. Das EDI-Basissystem ermöglicht die Verwaltung der EDI-Partner mit ihren individuellen Übertragungsprofilen und Leitungsnetzen, die Protokollierung aller Sende- und Empfangsvorgänge oder den bedienerlosen Automatikbetrieb. Der Formatumsetzer konvertiert EDIFACT-Nachrichten in beliebige Inhouse-Datenformate und umgekehrt. Auch die Weiterleitung erhaltener Nachrichten an das Anwendersystem beziehungsweise die Versendung bereitgestellter Daten ist ebenfalls im Automatikbetrieb möglich. Mit dem Entwicklungsprogramm werden Nachrichten und Zuordnungen bearbeitet und dem Konverter bereitgestellt.

---

[167] Röck, Die Flexibilität steckt im Konverter, LAN Line, Heft 9, 1995, S. 122.

[168] Ebd., S. 126.

[169] Johnen, EDI: Die Pilotphase erfordert ein ausreichendes Datenvolumen, in Computerwoche Nr. 42, 1991, S. 32.

### 3.3.6 Die Anbindung an die Inhouse-Applikationen

Um einen effizienten Einsatz des EANCOM-Systems zu erreichen, sollten die erhaltenen Daten an die bestehenden Applikationen im Unternehmen angebunden werden. Das geschieht entweder über eine Prozedurenschnittstelle, wobei aus dem vorhandenen System die EDI-Software aufgerufen wird, oder über eine Fileschnittstelle. Bei dieser Variante wird eine mittels EDI-Software erstellte Datei vom Anwenderprogramm sofort weiterverarbeitet. Es wird empfohlen beide Möglichkeiten zu integrieren. [170]

Für das unternehmenseigene DV-System bestehen für den Nachrichtentyp INVOIC folgende Anbindungs-varianten. Zum einen das Einlesen erhaltener und bereitstehender Daten (hier von der Fach-Handels-Gesellschaft), das durch den Anwender direkt aus dem Fakturierungsmodul veranlaßt wird. Der Benutzer braucht seine gewohnte Anwendungsumgebung nicht zu verlassen. Dabei sollte die an einem bestimmten Ort abgelegte Datei nur einmal gebucht werden können. Das Einleseverfahren kann auch an die bereits bestehende Komponente zum Importieren der täglich erhaltenen Marktdaten angeschlossen werden. Im organisatorischen Ablauf würde diese Maßnahme bedeuten, daß die EDV-Abteilung dafür verantwortlich ist und dem eigentlichen Anwender sämtliche Daten in seiner Umgebung zur Weiterverarbeitung zur Verfügung stellen. Den Anwender braucht dann das "Wie?" und "Woher?" nicht zu belasten. Allerdings wird die Informationstechnik häufig nicht als Chance für die Zukunft erkannt, sondern als Bedrohung der gewohnten Arbeitsumgebung betrachtet. [171]

Für ausgehende Rechnungsdaten an die FHG sollte jede erstellte Rechnung automatisch in einer Datei hinterlegt werden, die dann ebenfalls automatisch einmal wöchentlich gesendet wird. Der Anwender braucht sich durch die Umwandlung der Inhouse-Datei zur automatischen Erstellung der EANCOM-Datei nicht um die Komplexität des Nachrichtenaufbaus zu kümmern. [172]

Eingehende Lieferantenrechnungen im EANCOM-Format sollten nach Konvertierung in Inhouse-Strukturen im Zahlungsmodul für eine automatisierte Rechnungskontrolle und zur

---

[170] Schmoll, Handelsverkehr - elektronisch, weltweit, 1994, S. 197.

[171] Rauszus, EDI - Endlose Diskussion statt Innovation, in Office Management Nr. 4, 1994, S. 35.

[172] Güc, Elektronischer Datenaustausch hilft auch kleinen Unternehmen zu sparen, in Die Computer Zeitung Nr. 29, S. 21.

Weiterberechnung einsetzbar sein. Dabei sollten in den jeweiligen Programmen entsprechende File-Schnittstellen geschaffen werden. Vorstellbar wäre bei einer Rechnungskontrolle (neu zu schaffendes Modul) der Vergleich der Rechnungsdaten mit internen Bestelldaten, der Artikeldatenbank und/oder Wareneingangsprotokollen. Sämtliche Daten liegen dabei bereits jetzt in elektronischer Form aus dem Warenwirtschaftssystem vor. Bei einer direkten Weiterberechnung stehen die Daten bei der Rechnungserstellung zur Verfügung und brauchen nur abgerufen zu werden. Über Referenzwerte (EAN-Artikelnummer) werden die Lieferantendaten mit internen Daten (Weiterberechnungspreis) ergänzt.

Damit der Anwender der Konvertier- und Einbuchungsautomatik nicht völlig ausgeliefert ist, wurde der Konverter als Modul in das Inhouse-System bereits eingebunden. Hier können also nach Aufruf Daten umgewandelt und bearbeitet werden, die die Automatik nicht erfaßt, zum Beispiel bei einer Neuanbindung, oder aber wenn sie mit Fehlern behaftet sind. Die Implementierung von empfangenen Nachrichten ist zwar aufwendiger, dafür ist der daraus resultierende Nutzen aber auch größer. Bevor die konvertierten Daten in die Inhouse-Datenbank übernommen werden, sollten logische Prüfungen stattfinden.[173]

### 3.3.7 Das Übertragungsmedium

Für die Wahl des Kommunikationsmittels und -weges sollten Vorüberlegungen mit dem ausgesuchten Partner getätigt werden. Durch das hohe Nutzungspotential bietet sich zur FHG eine direkte Verbindung an. Diese könnte je nach Absprache entweder über das digitale ISDN-Netz oder mit Modem über das analoge Netz getätigt werden. Falls die FHG den Einsatz der Telebox-400 vorzieht, hat auch dieser Einsatz für beide Seiten Vorteile. Vor allem im Hinblick auf einen späteren Datenaustausch mit diversen anderen Lieferanten, bietet sich die Telebox ebenfalls an.

Zum Einsatz der Hardware gibt es zwei Methoden. Zum einen, daß ein EDI-Server dem Host-Rechner vorgelagert ist und den elektronischen Datenaustausch abwickelt. Damit ist gleichfalls die größte Sicherheit im Hinblick auf unbefugte Zugriffe gewährleistet. Diese Variante ist auch

---

[173] Deutsche Telekom AG (Hrsg.), Die Welt spricht eine gemeinsame Sprache: EDI, in ISDN. Der Katalog Nr. 1, 1995, S. 25.

kostengünstiger als die Implementierung auf einen Großrechner, der dann sowohl die externe Kommunikation als auch den internen Ablauf steuert.[174] Bei der Hostlösung sind die Daten gleich auf dem System, in dem sie auch weiterverarbeitet werden. Umgekehrt stehen die exportierten Daten direkt aus der Anwendung für die Versendung zur Verfügung.[175] Die EDI-Server-Lösung hat sich weitgehend in der Praxis durchgesetzt. Neben der bereits erwähnten Datensicherheit auf dem nachgelagerten Host, spricht auch die ständige Verfügbarkeit und Flexibilität für diese Lösung.[176]

Da im Unternehmen bereits eine automatisierte Kommunikation mit den angeschlossenen Filialen bzw. die Erledigung von Support-Aufgaben auf einem eigenen Computer stattfindet, bietet sich die Lösung des vorgelagerten Servers für die EDI-Kommunikation gleichfalls auf diesem Rechner an.

---

[174] Schmoll, Handelsverkehr - elektronisch, weltweit, 1994, S. 256.

[175] Deutsch, Unternehmenserfolg mit EDI, 1995, S. 145.

[176] Hohmann, Standards fördern einen reibungslosen Datentransport, in PC Magazin Nr. 9, 1993, S. 32.

# 4 Kosten-Nutzen-Analyse

## 4.1 Bedingungen zur Analyse

Um über einen Einsatz von EANCOM zu entscheiden, bedarf es einer Analyse der zu erwartenden Kosten-Nutzen-Effekte. Zu den relevanten Kosten zählen einerseits einmalig anfallende Kosten bei der Anschaffung eines EDI-Systems oder der Anbindung neuer Kommunikationspartner und im weiteren die laufenden Kosten bei der Übertragung der Daten. Dabei sind die ermittelten Kosten aber in Absprache mit dem Kommunikationspartner zu bewerten, da die gemachten Vereinbarungen zum Beispiel über Sendezeiten die Kostenwerte beeinflussen.[177] Ein geldmäßiger Nutzen ist durch Einsparungen an Personal-, Sachmittel- und Kapitalkosten festzustellen. Schwieriger ist jedoch die Meßbarkeit der Kosten, die durch organisatorische Änderungen entstehen. Auch die Messung qualitativer Nutzeneffekte, wie Flexibilitäts- oder Kapazitätssteigerungen, sind problematisch.[178] Neben der Problematik der Messung und Bewertung von Kosten und Leistungen, gibt es auch Schwierigkeiten in der Erfassung durch eine zeitliche Verzögerung (andere Abrechenperioden) und räumliche Verteilung (unterschiedliche Unternehmensteile) der Kosten und Leistungen.[179]

Dabei ist zu beachten, daß die Rentabilität des EANCOM-Einsatzes nicht unbedingt innerhalb kürzester Zeit erreichbar ist. Vor allem ist die Rentabilität vom Datenaustauschvolumen mit den jeweiligen EDI-Partnern eine wichtige Größe. Denn je größer das augenblicklich auszutauschende vorhandene Belegvolumen ist, desto höher sind die Auswirkungen durch einen EANCOM-Einsatz auf die Effizienz und Effektivität des Unternehmens.[180] Langfristige Vorteile einer allgemeinen Qualitätsverbesserung werden häufig ignoriert, da das Management nur die kurzfristigen Kosten neuer Verfahren und Techniken sieht. Eine EANCOM-Einführung birgt trotz hoher Kosten das höchste Einsparungspotential, und solche innovativen Investitionen sind für Firmen überlebenswichtig.[181]

---

[177] Warsch, Planung rechnerunterstützter Kommunikation im Unternehmensverbund, 1992, S. 60.

[178] Schmoll, Handelsverkehr - elektronisch, weltweit, 1994, S. 34 ff.

[179] Killer, Unternehmensübergreifende Geschäftsprozeßoptimierung, in EDI in der Praxis, 1994, S. 73.

[180] Schmoll, Handelsverkehr - elektronisch, weltweit, 1994, S. 57.

[181] Roudszus, EDI - Endlose Diskussion statt Innovation, in Office Management Nr. 4, 1994, S. 35 f.

Vor allem durch den Wegfall der Neuerfassungen sind kostensenkende Effekte zu realisieren. Speziell in Hinblick auf die Fehlerquote, die bei der erneuten manuellen Erfassung bis zu 80% betragen kann. Auch die Tatsache, daß die elektronischen Übermittlungsgebühren geringer sind als die Portogebühren, läßt auf eine Kostenreduktion schließen. [182]

Erwähnt werden sollten mögliche Gebühren oder Beiträge, falls im Rahmen der EANCOM-Einführung und Nutzung eine Mitgliedschaft in EDI-Vereinigungen (siehe 1.1.3 Kooperationen) eingegangen wird. [183]

## 4.2 Anschaffungskosten

Zur Projektdurchführung müssen neben den Softwarekosten (siehe dazu 4.3. Konverterkosten) auch Hardwarekosten berücksichtigt werden. Dazu zählen die Anschaffung eines Rechners, auf dem die Datenübertragung abläuft, und eines Druckers, damit gegebenenfalls nicht nur Daten sondern auch die Protokolle für den automatischen Sende- und Empfangsbetrieb ausgedruckt werden können. Wird der elektronische Datenaustausch auf einem Hostsystem betrieben und dieser zusätzlich ausgelastet, muß ein Anteil der nächsten Rechneraufrüstung der Anwendung zugerechnet werden. Ein weiterer Kostenpunkt ist die Rechnerfähigkeit zur Datenfernübertragung. Dazu muß entweder eine ISDN-Steckkarte, ein ISDN-Adapter oder ein Modem angeschafft werden. [184]

Für die Implementierung im betrachteten Unternehmen beschränken sich die Hardwarekosten auf eine ISDN-Steckkarte, falls dieser Weg gewählt wird. Die restliche Kommunikation kann auf dem Rechner installiert werden, der für den Datenaustausch mit den angeschlossenen Märkten eingesetzt ist. Die zusätzliche Auslastung erfordert auch keine weitere technische Aufrüstung.

Zu dem Bereich der Anschaffungskosten sollten eventuell Investitionen einer Archivierung über

---

[182] Schmoll, Handelsverkehr - elektronisch, weltweit, 1994, S. 65.

[183] Deutsch, Unternehmenserfolg mit EDI, 1995, S. 92.

[184] Ebd., S. 89.

CD-WORM, möglicherweise in Verbindung mit einem Scanner für die nicht über EANCOM erhaltenen Belege, erwähnt werden. Zu der eingesetzten Software in der Finanzbuchhaltung wird zusätzlich eine entsprechende Hardware mit Anwendung angeboten, die gleichzeitig die abgelegten Belege den zugehörigen Buchungen zuordnet. Der Vorteil dieses Systems liegt in der Reduzierung der Recherchezeiten und einer revisionssicheren Archivierung. Zu den monatlich entstehenden Verfilmungskosten in Höhe von DM 610 (Durchschnitt der letzten sechs Monate) könnte eine Einbeziehung des EANCOM-Einsatzes die recht hohen Anschaffungskosten des Archivierungssystems (etwa 50.000 DM) schneller amortisieren. Auch bei einem Wechsel der Archivierungsform kann der bisherige Ablauf, die auf Mikrofichen archivierten Rechnungsbelege von der FHG zu bekommen, eingehalten werden. Damit wird der bereits erwähnte Sicherheitsaspekt der nachträglichen Veränderbarkeit nach Erhalt oder beim Sendevorgang der elektronischen Daten berücksichtigt.

## 4.3 Konverterkosten

Wie bereits dargestellt, wird aus bekannten Gründen zur Anschaffung des Konverters die Unternehmensberatung SEEBURGER gewählt. Der Preis von etwa 10.000 DM für das Softwarepaket setzt sich aus den gewählten Komponenten zusammen. Neben der Basissoftware wird ein Kommunikationsprogramm für die Telebox-400 entweder über ISDN (mit Steckkarte) oder über ein analoges Modem, inklusive diesem, benötigt. In dem Paketpreis sind auch Installation und Einweisung enthalten.

Aus Kostengründen kann vorerst auf einen Anschluß an die Telebox-400 verzichtet und stattdessen eine Punkt-zu-Punkt-Verbindung, in dem Fall zur FHG, eingerichtet werden. Diese Verbindung ist ohne zusätzliche Konverterkosten über ISDN oder Modem möglich. Bei einem späteren Kauf der Telebox-Anbindung des Konverters, fallen diese Kosten dann in eine zukünftige Periode. Dadurch ist natürlich eine schnellere Rentabilität zu erreichen, da sonst der Fixkostenanteil des Konverters im Jahr der Anschaffung erheblich ins Gewicht fällt.

Desweiteren reicht der Einsatz eines Konverters für die gesamte Unternehmensgruppe. Durch den täglichen Datenaustausch auch mit dem Zentraleinkauf liegen der Holding alle intern benötigten Daten für das Managementsystem als dann die Daten zur Weiterleitung an die FHG vor. Das heißt, ein Konverterprogramm versendet und empfängt die INVOIC-Nachrichten und wandelt diese in das Inhouseformat um. Durch einen internen Vorgang werden die Daten zur weiteren Bearbeitung entsprechend übertragen.

Aufgrund der bisher gemachten Erfahrungen mit dem probeweise zur Verfügung stehenden Konverter, kann auch auf die angebotene Installation und Schulung verzichtet werden. Die Referenzen zwischen EANCOM und der Inhouse-Datenbank wurden im Rahmen dieser Arbeit gemacht. Sollten trotzdem Probleme auftreten, muß notfalls auf diese Angebotsposition zurückgegriffen werden.

## 4.4 Übertragungskosten

Wird zur Datenübertragung das Fernsprechnetz benutzt, setzen sich die Kosten aus der einmaligen Anschaffung des Modems und den laufenden Telefongebühren zusammen. Die Verbindungskosten für eine Datenübertragung sind von der Verbindungsdauer, der Entfernung, der Tageszeit und vom Wochentag abhängig.[185] Durch die Preisstaffelung der Deutschen Telekom AG ist es vorteilhaft, möglichst nachts zwischen zwei und fünf Uhr (Mondscheintarif) den Datenaustausch zu betreiben. In diesem Zeitraum sind auch Ferngespräche günstig. Wird für die Datenübertragung ein ISDN-Anschluß genutzt, fallen unter die laufenden Kosten der monatliche Grundpreis (55,65 DM) und die benötigten Einheiten (10,43 Pf/Einheit). Das gilt auch für die Telebox-400 mit einem monatlichen Grundpreis (40,- DM) und den Kosten für die verbrauchten Einheiten. [Anmerkung: Mittlerweile werden die ISDN-Kosten durch die Telekom AG genauer aufgegliedert und dadurch günstiger.]

Da alle Medien bereits installiert sind und ebenfalls für andere Zwecke benötigt werden, reicht bei der zusätzlichen Nutzung für EANCOM die Betrachtung der verbrauchten Einheiten. Aus diesem Grunde sollten auch die vorhandenen Kommunikationsmittel entsprechend genutzt werden. Das heißt, bei einer indirekten Kommunikation die Telebox-400 über ISDN und bei einer direkten Verbindung möglichst auch ISDN, da so die schnellste Übermittlung gewählt

---

[185] Schmoll, Handelsverkehr - elektronisch, weltweit, 1994, S. 115.

wird. Üblicherweise wird auch der Zugang über die Telebox-400 über ISDN realisiert, da durch die Übertragungsgeschwindigkeit die Anschaltzeiten auf der Box minimiert werden.[186]

Das Volumen einer INVOIC-Datei mit 250 bis 300 Rechnungen, das etwa innerhalb eines Buchungsvorganges pro Woche anfällt, dürfte unter einem Megabyte liegen. Damit liegt die Verbindungszeit zur Übertragung einer solchen Datei innerhalb von maximal zwei Telefoneinheiten (zum Nachttarif).

## 4.5 Einsparungen

Wie schon erwähnt, können durch die Ausnutzung günstiger Tarifzonen und des schnellen ISDN-Netzes Daten kostenbewußt übertragen werden. Durch entsprechende Anpassungen an den Bearbeitungsrhythmus der Fach-Handels-Gesellschaft, brauchen die Rechnungsdaten vom Zentraleinkauf nur einmal wöchentlich gesendet zu werden.

Vor allem Rechnungen aus dem Grenzbereich, die per Post länger unterwegs sind, und deren Erfassung erst in der folgenden Abrechenperiode eine Woche später erfolgt, würden entsprechend früher bezahlt. Der Zinsvorteil ist aber nur schwierig zu ermitteln, weil er sich auf den schwer festzulegenden Wert des Abrechnungsvortages bezieht.

Durch den Wegfall der Rechnungsdatenerfassung bei der FHG beziehungsweise der Rechnungserstellung sollte über die Höhe der Bearbeitungskosten neu verhandelt werden. Als andere Möglichkeit bietet sich aber auch eine Beteiligung der Gesellschaft an den Anschaffungskosten des Konverters an. Diese Varianten sollten vor einer EANCOM-Einführung überprüft werden.

Ein weiterer Kostenfaktor sind bei der großen Anzahl an Rechnungen die entstehenden Papierkosten für den vierfachen Durchschlag. Durch den Einsatz von EANCOM könnten Kosten in Höhe von 700 DM für 2000 Rechnungssätze eingespart werden. Gegebenenfalls müßte in einer Übergangszeit, bis zu einer vollständigen elektronischen Archivierung, auf eine

---

[186] Deutsch, Unternehmenserfolg mit EDI, 1995, S. 93.

Ausdruckskopie auf Normalpapier zurückgegriffen werden. Die reinen Papierkosten beliefen sich dann nur noch auf etwa 17 DM.

Nicht zu verachten sind auch die Portokosten in Höhe von 4,- DM, die täglich durch den Austausch der Papierdokumente anfallen. Bei 250 Arbeitstagen und Mehrfachsendungen beträgt die Summe rund 1200,- DM, nur bezogen auf den Rechnungsversand des Zentraleinkaufes. Zu den Einsparungen der Versandkosten zählt auch der gesamte Vorgang des Kuvertierens, Adressierens und der Transport zur Post[187]. Als Zeitaufwand für die Versendung der Rechnungen wird eine Stunde pro Woche angenommen.

Die größte Kostenersparnis liegt durch den Wegfall der Datenerfassung bei den Personalkosten. Zur Verdeutlichung dient die nachstehende Abbildung des Rechnungsweges mit den organisationsbedingten Durchlaufzeiten und den speziellen Bearbeitungszeiten. Werden in einem ersten Schritt die FHG-Rechnungen an die Holding-Gesellschaft mittels EANCOM übertragen, fallen die Postverteilung, die Rechnungseinbuchung und die Ablagenbeschriftung mit einem Volumen von acht Stunden pro Woche weg. Mögliche Nachbearbeitungen sollten im Echtzeitbetrieb nicht mehr anfallen. Als durchschnittliche Kosten für einen Mitarbeiter in einer mittleren Personalebene sind im betrachteten Unternehmen DM 28,10 pro Stunde anzusetzen. Ein genauer Wert ist wegen unterschiedlichster Gehaltsstrukturen, die zum Beispiel von Position, Alter oder Beschäftigungsdauer abhängen, nicht zu ermitteln.

Eine elektronische Rechnungskontrolle würde die momentan aufgewendeten sechs Stunden zuzüglich der Nachbearbeitung deutlich absenken. Nach Erfahrungen von EANCOM-Anwendern sinkt die Fehlerquote durch den elektronischen Datenaustausch bei Rechnungen auf unter 30 Prozent[188]. Durch diesen Effekt wird auch die leidige Reklamationsbearbeitung von Preis- und Mengendifferenzen in Rechnungen verringert. Neben der Fehlerreduzierung in den Daten sinkt auch die Fehlerrate, die durch die manuelle Eingabe bei der Erfassung entsteht. Die damit verbundenen zeitaufwendigen Recherchen vermindern sich ebenfalls.

---

[187] Deutsch, Unternehmenserfolg mit EDI, 1995, S. 98.

[188] Informationsveranstaltung des GHF: EDIFACT - ein Stiefkind der Branche?, Würzburg 1996.

Abbildung 11: Rechnungsweg

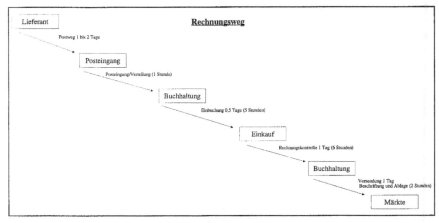

Quelle: eigene Erstellung

Die Personaleinsparungen im Rechnungsweg würden nochmals verstärkt, wenn der Zentraleinkauf in einem zukünftigen Schritt versucht, mit wichtigen Lieferanten ebenfalls EANCOM
zu betreiben. Dabei tritt leider nicht die Situation ein, durch den Anschluß eines Lieferanten
direkt einen solchen Vorteil zu erreichen, wie durch das hohe Datenvolumen der FHG.

## 4.6 Kostengegenüberstellung

Neben den relativ einfach zu ermittelnden Kosten, die durch einen EANCOM-Einsatz anfallen
bzw. eingespart werden, gibt es eine Reihe nicht quantifizierbarer Nutzenvorteile. Gute
Geschäftsbeziehungen zu Kunden lassen sich verbessern[189] oder ein Wachstum des
Unternehmens kann ohne zusätzlichen Personalbedarf in der Erfassung aufgefangen werden.[190]
Zu beachten sind auch mögliche Kostensteigerungen sowohl bei den augenblicklichen Ist-
Kosten, als auch bei den entstehenden EANCOM-Kosten. So erhöhen Steigerungen der
Personal- oder Portokosten die Rentabilität des EANCOM-Einsatzes. Andererseits können
Änderungen der Übertragungsgebühren oder der Servicegebühren bei einem Dienstleister

---

[189] Deutsch, Unternehmenserfolg mit EDI, 1995, S. 95.
[190] Ebd., S. 97.

diesen Kostenvergleich beeinflussen.[191] Gerade im Bereich der Telekommunikation sind durch den aufbrechenden Markt Gebührensenkungen möglich, die gleichfalls die Ausgangslage einer EANCOM-Einführung verbessern.

Eine optimale Rendite bringt der EANCOM-Einsatz bei intensiver Nutzung und Erreichung einer "kritischen Masse". Dafür sollten die vielen Einsatzmöglichkeiten für eine große Zahl von Dokumenten und Geschäftspartnern einbezogen werden.[192]

In der nun folgenden Tabelle (siehe nächste Seite) werden die bisher erhaltenen Kosten auf 1000 Rechnungen bzw. den monatlichen Kosten dafür gegenübergestellt und die erfaßten Werte entsprechend modifiziert.

Schon durch den Einsatz des Nachrichtentyps INVOIC, einmal zum Empfangen (bei der Holding) und einmal zum Senden (beim Zentraleinkauf) von Rechnungsdaten, gleichen die Kosteneinsparungen die Konverterinvestitionen bereits nach sieben Monaten aus. Dieser Punkt, an dem [laut Gabler Wirtschaftslexikon] eine Erfolgsgröße eine Einsatzgröße erstmalig im Zeitablauf überschreitet, wird als Break-even-Punkt bezeichnet. Dabei wurden bei der Berechnung nur zu ermittelnde Kostenarten berücksichtigt und eine Bewertung der Nutzenvorteile außer acht gelassen. Der Break-even-point ist die Summe der EANCOM-Kosten durch die Differenz der laufenden Ist-Kosten und der zu erwartenden laufenden EANCOM-Kosten.

Mit dieser schnell und einfach durch die Überschlagung der Porto- und Personalkosten gemachten Kosten-Nutzen-Rechnung, kann das häufig gebrachte Kostenargument direkt widerlegt werden.[193] Wichtig für diese Ermittlung ist natürlich die Festlegung eines Zeitraums und das Wissen über die Dokumentenmenge innerhalb dieser Periode.

Bei der Ermittlung der EANCOM-Kosten sind die reinen Übertragungsausgaben geringfügig und die Aufteilung der Grundpreise für ISDN und die Telebox entlasten andere Kostenstellen. Der Einsatz in nur einem Unternehmensteil verlängert natürlich den Zeitraum, bis die dann erzielten Einsparungen die Investitionen erreichen.

---

[191] Deutsch, Unternehmenserfolg mit EDI, 1995, S. 178.

[192] Hoffmann, Was kostet der elektronische Datenaustausch EDI wirklich, in Logistik im Unternehmen Nr. 11/12, 1995, S. 82 f.

[193] Güc, Elektronischer Datenaustausch hilft auch kleinen Unternehmen zu sparen, in Die Computer Zeitung Nr. 29, 1994, S. 21.

Tabelle 6: Kostenvergleich Ist-Stand zum möglichen EDIFACT-Einsatz

## Kostenvergleich Ist-Stand zum möglichen EANCOM-Einsatz mit INVOIC

| Kostenart | Holding (Empfang) | Einkauf (Sendung) | EDIFACT/EANCOM einmalig | laufend |
|---|---|---|---|---|
| | DM/1000 Rechnungen bzw. /Monat | | | |
| **Personal** | | | | |
| - Erfassungsaufwand | 900,00 | | | |
| - Versendeaufwand | | 100,00 | | |
| | | | | |
| **Sachmittel** | | | | |
| - Anschaffung Hardware | | | | |
| (Rechner, Drucker, Modem)* | | | | |
| - Konverter | | | 6000,00 | |
| - Telebox400/ISDN** | | | 3000,00 | |
| - Telebox400/analog** | | | 2000,00 | |
| - Installation/Schulung | | | 2000,00 | |
| - Papierkosten | | 325,00 | | 8,34 |
| - Portokosten | | 100,00 | | |
| | | | | |
| **Übertragungskosten** | | | | |
| - Grundpreis ISDN *** | | | | 27,83 |
| - Telebox 400 *** | | | | 20,00 |
| - Telekomeinheiten | | | | 4,17 |
| (10 Einheiten/Woche bei täglichem Senden) | | | | |
| | | | | |
| **Kapital** | | | | |
| - höhere Liquidität **** | | | | |
| - neue Konditionen **** | | | | |
| | | | | |
| **Summen** | **900,00** | **525,00** | **10000,00** | **60,80** |
| | | | | |
| laufende Kosten | | 1425,00 | | 60,80 |
| prozentualer Anteil | | 95,8 | | 4,2 |
| | | | | |
| Einsparungen | 852,18 | 464,20 | 1364,26 | |
| | | | | |
| break-even-point in Monaten | | | | |
| - Einsatz Holding und Einkauf | | | 7 | |
| - in nur einem Unternehmensteil | 12 | 22 | | |

\* vorhandene Datenverarbeitungssysteme können auch für EDIFACT eingesetzt werden
\*\* es wird nur ein Datenkommunikationsweg ausgewählt (aus Kostengründen der analoge Weg)
\*\*\* da bereits vorhanden, werden die Kosten anteilig berechnet (Annahme 50%)
\*\*\*\* sind monetär nur schwer zu erfassen

Quelle: eigene Zusammenstellung [Kostenhöhe dient als Anhaltspunkt, ist aber in jedem Unternehmen unterschiedlich anzusetzen.]

# 5 Zusammenfassung und Ausblick

Aufbauend auf der elektronischen Datenkommunikation im Inhouse-Format zwischen der Holding und den angeschlossenen Märkten liefert diese Arbeit die Grundlage für den Aufbau einer unternehmensübergreifenden Kommunikation mit externen Geschäftspartnern.

Zur Einführung in das Themengebiet "Electronic Data Interchange" wurden Informationen über den Entwicklungsstand von EDI, im besonderen der Konsumgüterbranche, und den Einsatzmöglichkeiten gegeben. Die Darstellung der Vorteile des elektronischen Datenaustauschs sollen das hohe Rationalisierungspotential innerhalb einer Ablauforganisation verdeutlichen. Grundlage für EDI sind die technischen Voraussetzungen und Möglichkeiten der elektronischen Übertragung. Hier schließen sich die technischen und rechtlichen Aspekte der Kommunikationssicherheit und die Datensicherheit bei Archivierung an.

Im zweiten Kapitel wurden die bestehenden weltweiten Normen, durch EDIFACT, aber auch die speziellen Brancheneinschränkungen und Besonderheiten durch das Subset EANCOM, vorgestellt. Der Aufbau des Nachrichtentyps INVOIC wurde, als interessantester Nachrichtentyp in Hinblick auf einen erstmaligen Einsatz im betrachteten Unternehmen, am Beispiel einer Rechnung im EANCOM-Format eines Geschäftspartners genau beschrieben.

Im dann folgenden Kapitel wurde das vorhandene Datenverarbeitungssystem im Unternehmen und die mit dem EANCOM-Einsatz verbundenen Ziele vorgestellt. Als Grundlage diente die Ablaufanalyse des Informationsflusses und darauf aufbauend der mögliche EANCOM-Einsatz. Hilfreich sind dabei die Erfahrungen und Empfehlungen von EANCOM-Anwendern innerhalb der Branche. Mit der vorliegenden Struktur der Inhouse-Datenbank wurde für den Nachrichtentyp INVOIC ein Mapping erstellt, das der eingesetzte Konverter als Zuordnungstabelle benötigt. Außerdem wurden die Möglichkeiten der Anbindung von Konverter und der INVOIC-Daten an die Inhouse-Applikationen dargestellt.

Das aus unternehmerischer Sicht wichtigste Kapitel beschäftigt sich mit der Kosten-Nutzen-Analyse des erstmaligen EANCOM-Einsatzes. Dabei werden die Kosten für die Anschaffung von Hardware und Konverter und für die Datenübertragung untersucht. Eine

Gegenüberstellung dieser Kosten und der Einsparungen bei einem EANCOM-Einsatz liefert dann auch den überzeugensten Grund, EANCOM möglichst zügig einzusetzen.

Die größten Probleme bei der Einführung von EANCOM liegen in der Sensibilisierung der Geschäftsführung für dieses Themengebiet, weil sie auf das "greifbare" Papierdokument nicht verzichten wollen. Das Datenverarbeitungssystem des Unternehmens mit der vorhandenen Hardware und Software, bietet optimale Voraussetzungen für einen problemlosen EANCOM-Einsatz mit einer Vielzahl von Möglichkeiten, den Arbeitsablauf zu automatisieren und zu beschleunigen. Zu beachten ist die Wichtigkeit der Datenpflege als Grundlage nicht nur für den innerbetrieblichen, sondern vor allem für den überbetrieblichen Datenaustausch. Dabei unterstützt die Verwendung des EAN-Codes, für Artikel, und des ILN-Codes, für das Unternehmen, die Zielsetzung, eindeutige und leicht zu spezifizierende Daten auszutauschen.

Normalerweise beginnt der elektronische Datenaustausch mit Bestellungen oder Rechnungen, da die Abwicklungsweisen und der Aufbau dieser Geschäftsvorfälle gleichartig ist. Es folgen Vorgänge, die zwar seltener im täglichen Arbeitsablauf auftreten, dafür aber aufwendige manuelle Eingriffe, wie zum Beispiel der Austausch von Artikeldaten, erfordern.[194]

In einem zweiten Schritt folgt häufig der elektronische Austausch von Bestelldaten mit dem Nachrichtentyp ORDERS. Jetzt wird auch beim Lieferanten ein deutlicher Nutzenvorteil erzeugt. Durch die Einführung des ersten Nachrichtentyps erfordert die Ausdehnung des EANCOM-Projektes auf weitere Nachrichtentypen nur noch einen geringeren Aufwand. Notwendige Aufgaben sind die Erstellung einer Schnittstelle zur Anwendung und die Durchführung eines weiteren Mappings im Konverter. Außerdem sollte es auch wieder zu einer Umorganisation interner Abläufe kommen.[195]

Damit übergreifende Branchenlösungen möglich sind, sollte EANCOM nicht als reine brancheninterne Angelegenheit betrachtet werden. Es ist auch ein Datenaustausch mit neutralen Wirtschaftsbereichen wie Banken, Versicherungen, Behörden, Dienstleistungsunternehmen und

---

[194] Deutsch, Unternehmenserfolg mit EDI, 1995, S. 5.

[195] Ebd., S. 171 f.

zum Teil auch dem Transportwesen, möglich.[196] Insbesondere die Banken propagieren derzeit den Einsatz von EDI. Den Durchbruch werden sie voraussichtlich dann erlangen, wenn der Datenaustausch zwischen den Banken im EDIFACT-Format und mit anderen Wirtschaftsteilnehmern im EANCOM-Format mit einem eigenen Nachrichtentyp erfolgt.[197] Der Austausch von Lohn- und Gehaltszahlungen sowie Lastschriften zwischen Unternehmen und Banken wird heute überwiegend per Datenträger abgewickelt. Dabei handelt es sich aber um Zahlungen zwischen Privatpersonen und Firmen. Die Zahlungsabwicklung der Unternehmen untereinander funktioniert meistens über Scheckzahlungen und bedeutet für einen EDIFACT-Einsatz, einen großen Schritt zu machen. Die Verwendung der EDIFACT-Formate ermöglicht das Mitsenden sämtlicher Informationen der Zahlung, wie beispielsweise Kundennummer, Rechnungsnummer oder Verwendungszweck. Die elektronische Weiterverarbeitung wird natürlich erheblich vereinfacht.[198] Neben Banken setzen bereits der Zoll und die Deutsche Telekom auf den EDIFACT-Austausch.[199]

Zu den weiteren Einsatzmöglichkeiten zählen auch Folgeanbindungen weiterer Lieferanten oder Kunden. Beim betrachteten Unternehmen sind weitere Partner an den Zentraleinkauf (als eigenständige Einkaufsgesellschaft) anzubinden, um auch hier das Rationalisierungspotential wie in der Holding zu nutzen. Der wesentliche Aufwand bei der Erweiterung mit einem neuen Partner besteht darin, ihm das Nachrichtenformat zu erläutern und eventuelle Änderungswünsche zu berücksichtigen. Bei der Verwendung des gleichen Subsets sollte das Mapping im Konverter entfallen.[200]

Selbst durch die Einführung von EDIFACT oder im speziellen Fall EANCOM wird das papierlose Büro wohl weiterhin ein Wunschtraum bleiben. Aber durch den elektronischen Datenaustausch kommt man diesem Ziel schon erheblich näher. Auf jeden Fall wird es zu einer Optimierung und Erneuerung interner und unternehmensübergreifender Geschäftsabläufe und somit zu einer Modifikation der Aufbau- und Ablauforganisation kommen.[201]

---

[196] Deutsch, Unternehmenserfolg mit EDI, 1995, S. 25 f.

[197] Deutsch, Steiniger Weg zur Rationalisierung, in Einzelhandelsberater Nr. 6, 1996, S. 29.

[198] Ong, Auf dem Weg von EDI zu UN/EDIFACT, in Nachtrag EDI-Deutschland 91, S. 5 ff.

[199] Deutsch, Steiniger Weg zur Rationalisierung, in Einzelhandelsberater Nr. 6, 1996, S. 29.

[200] Miebach; Schneider, Untersuchung zur Evaluierung des spezifischen Nutzen von EDIFACT, in Wirtschaftsinformatik Nr. 36, 1994, S. 565 f.

[201] Schmoll, Handelsverkehr - elektronisch, weltweit, 1994, S. 262.

Nach einer erfolgreichen EDIFACT-Einführung endet das Projekt nicht mit der Aufnahme des Echtbetriebes, sondern vor allem die internen Abläufe eignen sich zur weiteren Optimierung. Der tägliche Einsatz zeigt, ob genügend Kontrollroutinen eingebaut wurden und ob sich manuelle Arbeitsschritte noch automatisieren lassen.[202] Es ist zu erwarten, daß Unternehmen den elektronischen Datenaustausch zu Bedingung einer Geschäftsbeziehung machen werden. Auf diesen Tag sollte ein Unternehmen besser vorbereitet sein, als den Abbruch der Geschäftsbeziehung zu riskieren.[203]

Um nochmals auf die "Communication History" zurückzukommen, sollte auch auf Deutschland das Zitat aus der amerikanischen Zeitschrift "EDI-World" vom Juni 1992 zutreffen:

"By the end of the '90s it will be easier to do business
without telephone than without EDI." [Zitat][204]

---

[202] Deutsch, Unternehmenserfolg mit EDI, 1995, S. 162.

[203] Gebker, Implementation des elektronischen Datenaustausches, in EDIFACT Einführung, 1991, S. 58.

[204] Deutsch, Steiniger Weg zur Rationalisierung, in Einzelhandelsberater Nr. 6, 1996, S. 29.

# 6. Literaturverzeichnis

Binner, Hartmut: Systematische Geschäftsprozeßanalysen (SYCAT) als Voraussetzung für den Einsatz von Electronic Data Interchange (EDI), in: Jaspersen, Thomas; Warsch, Christian (Hrsg.): EDI in der Praxis, Potentiale der elektronischen Datenkommunikation, Bergheim 1994, S. 76 - 96.

Bruns, Werner F.C.: EDI-Management und EDI-Clearing-Center, in: Jaspersen, Thomas; Warsch, Christian (Hrsg.): EDI in der Praxis, Potentiale der elektronischen Datenkommunikation, Bergheim 1994, S. 153 - 168.

Bundesverband Großhandel Heim & Farbe e.V. (Hrsg.): EDIFACT - ein Stiefkind der Branche?, in: GHF-Report Nr. 5 (1996), S. 1 - 2.

Bürger, Ralf: Schaffung von Wettbewerbsvorteilen durch EDIFACT, in: Office Management, 42. Jg. (1994) Heft 12, S. 51 - 53.

Centrale für Coorganisation (Hrsg.): Arbeitsbericht 1994, Ausblick 1995, Köln.

Centrale für Coorganinsation (Hrsg.): Die EAN-Nummernsysteme, Grundlage aller Coorganisation, Köln 1995.

Centrale für Coorganisation (Hrsg.): EANCOM Teil II, Die Nachrichtentypen, S. 1 - 7, Köln 1994.

Centrale für Coorganisation (Hrsg.): EANCOM Teil II, Die Rechnung, Version 007, S. 1 - 7, Köln 1994.

COGNIT GmbH (Hrsg.): EDI - Infopool: Lose-Blatt-Sammlung, Kommentierte EANCOM-Nachrichten, Köln 1995.

Deutsch, Markus: Unternehmenserfolg mit EDI, Strategie und Realisierung des elektronischen Datenaustausches, Fedtke, Stephen (Hrsg.), Braunschweig/Wiesbaden 1995.

Deutsch, Markus: Steiniger Weg zur Rationalisierung, in: Einzelhandelsberater (1996), Heft 6, S. 26 - 29.

Deutsche Telekom AG (Hrsg.): Die Welt spricht eine gemeinsame Sprache: EDI, in: ISDN. Der Katalog '96 (1996), Ausgabe 1, S. 24 - 26.

Deutsche Telekom AG (Hrsg.): EDISEC, Eine EDI-Lösung nach Maß, Bonn 1996.

Deutsche Telekom AG (Hrsg.): Telebox 400 und Telebox 400 EDI, Bonn 1995.

Dorner, Christian-Hinrich: Deutsche EDI-Gesellschaft e.V. (DEDIG e.V.): Ihre
    Aufgaben/Ihre Ziele, in: Jaspersen, Thomas; Warsch, Christian (Hrsg.): EDI in der
    Praxis, Potentiale der elektronischen Datenkommunikation, Bergheim 1994,
    S. 120 - 136.


Gallasch, Wolfram: EDI - Die innerbetriebliche Komponente, in: Normenausschuß
    Bürowesen (NBü) im DIN Deutsches Institut für Normung e.V. (Hrsg.),
    EDIFACT - Elektronischer Datenaustausch für Verwaltung, Wirtschaft und
    Transport, Einführung - Entwicklung, Grundlagen und Einsatz, Berlin 1994,
    S. 59 - 64.

Gebker, Jürgen: Untergliederung in Subsets verhindert die Schaffung von Insellösungen, in:
    Die Computer Zeitung, Band 24 (1993) Heft 14 + 15, S. 16.

Gebker, Jürgen: Implementation des elektronischen Datenaustausches, in: Normenausschuß
    Bürowesen (NBü) im DIN Deutsches Institut für Normung e.V. (Hrsg.),
    EDIFACT- Elektronischer Datenaustausch für Verwaltung, Wirtschaft und Transport,
    Einführung - Entwicklung, Grundlagen und Einsatz, Berlin 1994, S. 55 - 58.

Güc, Angelika: Elektronischer Datenaustausch hilft auch kleinen Unternehmen zu sparen, in:
    Die Computer Zeitung, Band 25 (1994) Heft 29, S. 21.

Hennig, Winfried: Das UN/EDIFACT-Regelwerk und seine Pflege, in: Blenheim Heckmann
    GmbH (Hrsg.), Deutscher Kongress für elektronischen Datenaustausch - EDI 91
    Deutschland - Nachtrag zur EDI-Dokumentation EDI-Deutschland 91,
    Wiesbaden 1991, S. 1 - 11.

Hermes, Hartmut: Syntax-Regeln für den elektronischen Datenaustausch, in: Normenausschuß
    Bürowesen (NBü) im DIN Deutsches Institut für Normung e.V. (Hrsg.),
    EDIFACT -Elektronischer Datenaustausch für Verwaltung, Wirtschaft und Transport,
    Einführung - Entwicklung, Grundlagen und Einsatz, Berlin 1994, S. 7 - 11.

Hohmann, Peter: Standards fördern einen reibungslosen Datentransport, in: PC Magazin
    (1993) Heft 9, S. 31 - 35.

Hoffmann, Hans Dieter: Was kostet der elektronische Datenaustausch EDI wirklich,
    in: Logistik im Unternehmen Nr. 11/12, Wiesbaden 1995, S. 82 und 85.

Höfling, Jürgen: Mit EDI sparen nicht nur Großbetriebe Kosten, in: PC-Magazin
    (1995) Nr. 41, S. 42 - 43.

Johnen, Sabine: EDI: Die Pilotphase erfordert ein ausreichendes Datenvolumen,
    in: Computerwoche (1991) Nr. 42, S. 31 - 32.

Jonas, Christoph: Datenfernübertragung mit Personal Computern, von V.24 zu X.400 und EDIFACT, Würzburg 1992.

Killer, Bernd: Unternehmensübergreifende Geschäftsprozeßentwicklung, Nutzeneffekte durch synchronisierte Administration und Fertigung, in: Jaspersen, Thomas; Warsch, Christian (Hrsg.): EDI in der Praxis, Potentiale der elektronischen Datenkommunikation, Bergheim 1994, S. 68 - 75.

Kuhns, Erich: Sicherheits- und Kontrollaspekte, in: Blenheim Heckmann GmbH (Hrsg.), Deutscher Kongress für elektronischen Datenautausch - EDI 91 Deutschland, Wiesbaden 1991, S. 402 - 413.

Marsch, Jürgen; Fritze, Jörg: SQL, Eine praxisorientierte Einführung, Braunschweig 1993.

Miebach, Jens T.; Schneider, Wolfgang: Untersuchung zur Evaluierung des spezifischen Nutzens von EDIFACT auf Basis eines EDI-Implementationsmodells, in: Wirtschaftsinformatik, 36 Jg. (1994) Heft 6, S. 557 - 569.

Müller-Berg, Michael: Electronic Data Interchange (EDI) - Neue Kommunikationstechnologien gewinnen zunehmend an Bedeutung, in: Zeitschrift Führung + Organisation - zfo, Band 61 (1992) Heft 3, S. 178 - 185.

o.V.: EDIFACT liefert Grundlage für Lean-Management, in: PC-Magazin Nr. 1/2 (1995), S. 36 - 37.

o.V.: FibuNet, Buchhaltung aus dem Effeff, Prospektunterlagen Musterauswertungen, Quickborn 1996.

Ong, Heidrun: Auf dem Weg von EDI zu UN/EDIFACT, in: Blenheim Heckmann GmbH (Hrsg.), Deutscher Kongress für elektronischen Datenaustausch - EDI 91 Deutschland- Nachtrag zur EDI-Dokumentation EDI-Deutschland 91, Wiesbaden 1991, S. 1 - 18.

Plümer, F. Hartmut: EDIFACT ante portas, in: edi-change (1995) Nr. 4, S. 51 - 53.

Raudszus, Frank: EDI - Endlose Diskussion staat Innovation, in: Office Management, 42. Jg. (1994) Heft 4, S. 35 - 37.

Röck, Oliver: Die Flexibilität steckt im Konverter, in: LAN Line (1995) Heft 9, S. 122 - 126.

Rondorf, Hans-Dieter: Umsatzsteuerrechtliche Anerkennung von elektronisch übermittelten Rechnungen, in: Blenheim Heckmann GmbH (Hrsg.), Deutscher Kongress für elektronischen Datenautausch - EDI 91 Deutschland, Wiesbaden 1991, S. 376 - 379.

Scheuber, Ulrich: Anerkennung elektronischer Verträge ein Schwachpunkt, in: PC-Magazin (1995) Nr. 1/2, S. 38 - 39.

Schmoll, Thomas: Handelsverkehr - elektronisch, weltweit; Nachrichtenaustausch mit EDI/EDIFACT, Haar bei München 1994.

Schulte, Egon; Simmet, Heike: Von EAN zu EANCOM, Perspektiven integrierter Informationssysteme, in: Dynamik im Handel (1992) Nr. 4, S. 38 - 40.

Seeburger, Bernd: Einheitssprache EDIFACT, EDI: Datenkommunikation zwischen Handelspartnern, in: Gateway (1995), S. 106 - 109.

Seiler, Wolfgang: EDI-Modellverträge, in: Blenheim Heckmann GmbH (Hrsg.), Deutscher Kongress für elektronischen Datenaustausch - EDI 91 Deutschland - Nachtrag zur EDI-Dokumentation EDI-Deutschland 91, Wiesbaden 1991, S. 1 - 9.

Warsch, Christian: EDI: Neue Potentiale in: Geschäftsbeziehungen mittels Electronic Data Interchange, in Jaspersen, Thomas; Warsch, Christian (Hrsg.): EDI in der Praxis, Potentiale der elektronischen Datenkommunikation, Bergheim 1994, S. 97 - 119.

Warsch, Christian: Planung rechnerunterstützter Kommunikation im Unternehmensverbund, in: Fortschritt-Berichte VDI, Reihe 10: Informatik/Kommunikationstechnik Nr. 203, Düsseldorf 1992.

Zepf, Günter: Erfüllung der Belegfunktion bei elektronisch ausgetauschten Geschäftsdaten, in: Blenheim Heckmann GmbH (Hrsg.), Deutscher Kongress für elektronischen Datenaustausch - EDI 91 Deutschland, Wiesbaden 1991, S. 228 - 233.

**Nachrichtenstruktur INVOIC**

| Bezeich-nung | Muß/Kann | Anzahl | Beschreibung | Branchenempfehlungen |
|---|---|---|---|---|

Rechnung Kopf-Teil

| | | | | |
|---|---|---|---|---|
| UNH | M | 1 | Nachrichten-Kopfsegment | Prüfung der eindeutigen Nachrichtenreferenznummer |
| | | | Absenderinformation | (max. 17 Stellen) |
| BGM | M | 1 | Beginn der Nachricht | Qualifier: siehe 1. |
| | | | (Nachrichtenart) | |
| DTM | M | 35 | Datum/Uhrzeit/Zeitspanne | Qualifier: "137" und "102" (siehe 1.a) |
| PAI | K | 1 | Zahlungsangaben | Qualifier: siehe 2. |
| ALI | K | 5 | Zusätzliche Angaben | |
| FTX | K | 10 | Freier Text | nicht verwenden |
| | | | | |
| G01 | K | 10 | RFF-DTM | |
| RFF | M | 1 | Referenzangaben | Qualifier: siehe 3. (für gesamte Rechnung) |
| DTM | K | 5 | Datum/Uhrzeit/Zeitspanne | Qualifier: "102" (Format: JJJJMMTT) |
| | | | | |
| G02 | K | 20 | NAD-SG3-SG5 | |
| NAD | M | 1 | Name und Anschrift | Qualifier: siehe 4. |
| G03 | K | 9999 | RFF | |
| RFF | M | 1 | Referenzangaben | Qualifier: "API" (für Kundennummer oder zusätzliche |
| | | | | Partnerinformationen) |
| G05 | K | 5 | CTA-COM | |
| CTA | M | 1 | Ansprechpartner | nicht verwenden |
| COM | K | 5 | Kommunikationsverbindung | nicht verwenden |
| | | | | |
| G06 | K | 5 | TAX | |
| TAX | M | 1 | Zoll-/Steuer-/Gebührenangaben | nur bei abweichenden Steuersätzen für einzelne Positionen |
| | | | | |
| G07 | K | 5 | CUX-DTM | Verwendung im internationalen Datenaustausch |
| CUX | M | 1 | Währungsangaben | nur Qualifier: "4" (Währung der Rechnung; DEM) |
| DTM | K | 5 | Datum/Uhrzeit/Zeitspanne | |
| | | | | |
| G08 | K | 10 | PAT-DTM-PCD-MOA | [Angaben grundsätzlich in PARTIN] |
| PAT | M | 1 | Zahlungsbedingungen | Qualifier: siehe 5. i.V.m. DTM (Zahlungstermin) |
| DTM | K | 5 | Datum/Uhrzeit/Zeitspanne | Qualifier: "102" (Fälligkeitsdatum) |
| PCD | K | 1 | Prozentangaben | Qualifier: "12" (Abzug: Skonto) und "16" (Zinsprozentsatz) |
| MOA | K | 1 | Geldbetrag | nicht verwenden |
| | | | | |
| G09 | K | 10 | TDT | |
| TDT | M | 1 | Transporteinzelheiten | nicht verwenden |
| | | | | |
| G11 | K | 5 | TOC-LOC | |
| TOD | M | 1 | Lieferbedingungen | Qualifier: siehe 6. |
| LOC | K | 2 | Ortsangabe | nicht verwenden (siehe Segment G02) |
| | | | | |
| G14 | K | 15 | ALC-SG16-SG17-SG18-SG19-SG20 | |
| ALC | M | 1 | Zu- oder Abschlag | Qualifier: siehe 7. |
| G16 | K | 1 | QTY | |
| QTY | M | 1 | Menge | nur bestimmte Menge ("1") verwenden mit Qualifier: siehe 8. |
| G17 | K | 1 | PCD | |
| PCD | M | 1 | Prozentangaben | |

| G18 | K | 2 | MOA | |
|---|---|---|---|---|
| MOA | M | 1 | Geldbetrag | |
| G19 | K | 1 | RTE | |
| RTE | M | 1 | Rate-/Satz-/Tarifangaben | Qualifier: siehe ebenfalls 8. |
| G20 | K | 5 | TAX-MOA | |
| TAX | M | 1 | Zoll-/Steuer-/Gebührenangaben | nicht verwenden |
| MOA | K | 1 | Geldbetrag | nicht verwenden |

Rechnung Positions-Teil

| G22 | K | 200000 | LIN-PIA-IMD-MEA-QTY-ALI-DTM-QVA-FTX-G23-G24-G25-G26-G27-G29-G30-G31-G35-G41 | |
|---|---|---|---|---|
| LIN | M | 1 | Positionsdaten | Qualifier: siehe 9. (muß in jeder Rechnung einmal auftreten) |
| PIA | K | 25 | Zusätzliche Produktidentifikation | Qualifier: siehe 10. |
| IMD | K | 10 | Produkt-/Leistungsbeschreibung | Qualifier: siehe 11. |
| MEA | K | 5 | Maße und Gewichte | nur verwenden wenn IMD nicht ausreicht, siehe 12. |
| QTY | K | 5 | Menge | siehe 13. |
| ALI | K | 5 | Zusätzliche Angaben | |
| DTM | K | 35 | Datum/Uhrzeit/Zeitspanne | nicht verwenden |
| QVA | K | 1 | Mengenabweichungen | nicht benötigt |
| FTX | K | 5 | Freier Text | nicht verwenden, da maschinell nicht zu verarbeiten |
| G23 | K | 5 | MOA | |
| MOA | M | 1 | Geldbetrag | Qualifier: siehe 14. |
| G24 | K | 10 | PAT-DTM-PCD-MOA | |
| PTA | M | 1 | Zahlungsbedingungen | nicht verwenden |
| DTM | K | 5 | Datum/Uhrzeit/Zeitspanne | nicht verwenden |
| PCD | K | 1 | Prozentangaben | nicht verwenden |
| MOA | K | 1 | Geldbetrag | nicht verwenden |
| G25 | K | 25 | PRI | |
| PRI | M | 1 | Preisangaben | Qualifier: siehe 15. |
| G26 | K | 10 | RFF-DTM | bei Verwendung siehe: G01 |
| RFF | M | 1 | Referenzangaben | |
| DTM | K | 5 | Datum/Uhrzeit/Zeitspanne | |
| G27 | K | 10 | PAC-MEA | |
| PAC | M | 1 | Packstück/Verpackung | nicht verwenden, außer bei Abweichung von Rahmenvereinbarung |
| MEA | K | 10 | Maße und Gewichte | |
| G29 | K | 9999 | LOC-QTY-DTM | |
| LOC | M | 1 | Ortsangabe | nicht verwenden |
| QTY | K | 100 | Menge | |
| DTM | K | 5 | Datum/Uhrzeit/Zeitspanne | |
| G30 | K | 5 | TAX-MOA | |
| TAX | M | 1 | Zoll-/Steuer-/Gebührenangaben | |
| MOA | K | 1 | Geldbetrag | |
| G31 | K | 20 | NAD-SG32 | siehe Segment G02 |
| NAD | M | 1 | Name und Anschrift | |
| G32 | K | 5 | RFF | |
| RFF | M | 1 | Referenzangaben | |
| G35 | K | 15 | ALC-ALI-SG36-SG37-SG38-SG39-SG40 | |
| ALC | M | 1 | Zu- oder Abschlag | Qualifier: siehe 16. |
| ALI | K | 5 | Zusätzliche Angaben | |
| G36 | K | 1 | QTY | siehe Segment G16 |
| QTY | M | 1 | Menge | |
| G37 | K | 1 | PCD | siehe Segment G17 |
| PCD | M | 1 | Prozentangaben | |
| G38 | K | 2 | MOA | siehe Segment G18 |
| MOA | M | 1 | Geldbetrag | |
| G39 | K | 1 | RTE | siehe Segment G19 |
| RTE | M | 1 | Rate-/Satz-/Tarifangaben | |

| | | | | |
|---|---|---|---|---|
| **G40** | K | 5 | TAX-MOA | siehe Segment G20 |
| TAX | M | 1 | Zoll-/Steuer-/Gebührenangaben | |
| MOA | K | 1 | Geldbetrag | |
| **G41** | K | 10 | TDT | |
| TDT | M | 1 | Transporteinzelheiten | Qualifier: siehe 17. |

**Rechnung Summen-Teil**

| | | | | |
|---|---|---|---|---|
| UNS | M | 1 | Abschnitts-Kontrollsegment | |
| CNT | K | 10 | Abstimmsumme | nicht verwenden |
| | | | | |
| **G45** | M | 100 | MOA-SG46 | |
| MOA | M | 1 | Geldbetrag | Qualifier: siehe 18. |
| **G46** | K | 1 | RFF-DTM | |
| RFF | M | 1 | Referenzangaben | nicht verwenden |
| DTM | K | 5 | Datum/Uhrzeit/Zeitspanne | |
| | | | | |
| **G47** | K | 10 | TAX-MOA | |
| TAX | M | 1 | Zoll-/Steuer-/Gebührenangaben | bei einem Steuersatz, dieses Segment benutzen |
| MOA | K | 2 | Geldbetrag | |
| | | | | |
| **G48** | K | 15 | ALC-ALI-MOA | |
| ALC | M | 1 | Zu- oder Abschlag | Qualifier: siehe 19. |
| ALI | K | 1 | Zusätzliche Angaben | |
| MOA | K | 2 | Geldbetrag | |
| UNT | M | 1 | Nachrichten-Endsegment | |

## Erklärungen der Qualifier:

1.  Datenelement: Dokumenten-/Nachrichtenname (1001)

| | |
|---|---|
| 325 | Proforma-Rechnung |
| 380 | Handelsrechnung |
| 381 | Gutschriftsanzeige (Waren- und Dienstleistungen) |
| 383 | Belastungsanzeige (Waren- und Dienstleistungen) |
| 386 | Vorauszahlungsrechnung |
| 390 | Delkredere Rechnung (an Zentralregulierer) |
| 31E | Wertgutschrift (Nachlaß ohne Warentransfer) |
| 32E | Wertbelastung |

Wird das Datenelement 1225 nicht verwendet, handelt es sich um eine "Orginal"-Rechnung.

Mögliche Qualifier bei Verwendung:

| | |
|---|---|
| *1 | Aufhebung/Stornierung |
| *5 | Ersatz |
| *7 | Duplikat |
| *9 | Orginal |
| *31 | Kopie |

1a.     137     Dokument/Nachrichten Datum/Zeit
        102     Format: JJJJMMTT

2.      Zahlungsbedingungen, nur im internationalen Handel verwenden
        1       direkte Zahlung
        10      unwiderrufliches Dokumentenakkreditiv
        15      unwiderrufliches Akkreditiv - bestätigt
        35      Dokumente durch die Banken
        20      Waren als Sicherheit
        42      Zahlung an Bankkonto

3.      Referenzen:
        AAB     Frachtbriefnummer
        BO      Rahmenauftragsnummer
        COF     Nummer eines Abrufsauftrages
        CR      Referenznummer des Kunden
        DQ      Lieferscheinnummer
        FC      Steuernummer (bei Auslandsgeschäften erforderlich)
        IV      Rechnungsnummer (wichtig bei Gutschriften)
        ON      Auftrags-/Bestellnummer (vom Käufer vergeben)
        VN      Auftragsnummer (Lieferant)

4.      Beteiligte (Datenelement 3035)
        BY      Käufer
        DP      Lieferanschrift
        PR      Zahlungspflichtiger
        II      Rechnungssteller (abweichend vom Lieferanten)
        IV      Rechnungsempfänger (abweichend vom Käufer)
        SU      Lieferant/Fabrikant
        Es folgen die entsprechenden Adressangaben (Name; Straße; Ort)
        Zur Identifikation der Beteiligten reicht die Verwendung der ILN im Datenelement 3039.

5.      Art der Zahlungsbedingung
        3       Fixdatum [in DTM spätester Zahlungstermin]
        20      Vertragsstrafe [in DTM Termin ab dem Strafbetrag erhoben wird]
        21      Ratenzahlung
        22      Kürzung (Skonto) [in DTM Termin bis zu dem Kürzung gewährt wird]

6.      Zahlungsart für Transportkosten oder -gebühren
        RC      Rückfracht des Containers durch Kunden bezahlt
        RF      Fückfracht des Containers frei
        RS      Rückfracht des Containers durch Lieferanten bezahlt

7.  Produktspezifische Zu- und Abschläge werden auf Positionsebene angegeben.
    Hier im Kopfteil der Nachricht sollten daher nur folgende Qualifier verwendet werden:
    
    | | |
    |---|---|
    | A | Abschlag |
    | IS | Fakturierleistung |
    | FC | Frachtgebühren |
    | C | Zuschlag |
    | PI | Abholrabatt |
    | FA | Frachtabschlag |
    | WHE | Kundennummer - bezogener Rabatt |

8.  Mengeneinheiten

    | | |
    |---|---|
    | CMT | Zentimeter |
    | KGM | Kilogramm |
    | LTR | Liter |
    | MTK | Quadratmeter |
    | MTQ | Kubikmeter |
    | MTR | Meter |
    | NRL | Anzahl der Rollen |
    | PCE | Stück |

9.  Postitionsdaten
    Falls verwendet sollte als Produkt-/Leistungsnummer die EAN eingetragen werden.
    Unterpositionsebenen sollten nicht verwendet werden.

10. zusätzliche Produktidentifikation
    Falls keine EAN benutzt wird, sollte eine andere Artikelnummer eingesetzt werden.

    | | |
    |---|---|
    | BP | Artikelnummer des Käufers |
    | GU | interne Artikelgruppennummer des Lieferanten (ggf konfigurierte Nummer) |
    | HS | Zolltarifnummer |
    | SA | Artikelnummer des Lieferanten (eindeutige EDV-Nummer) |

11. Produkt-/Leistungsbeschreibung
    Bei EAN-Verwendung kann auf dieses Segment verzichtet werden.
    sonst mögliche Qualifier:

    | | |
    |---|---|
    | C | Code (aus der Liste der codepflegenden Organisation) |
    | S | Strukturiert (aus der Liste der codepflegenden Organisation) |
    | F | Freies Format |

12. Maßangaben (PD = Physische Größe)

    | | |
    |---|---|
    | AAF | Netto-Netto Gewicht |
    | AAW | Bruttovolumen |
    | LAY | Anzahl der Lagen |
    | LN | Länge |
    | HT | Höhe |
    | TH | Stärke |
    | WD | Breite |
    | ULY | Anzahl der Einheiten pro Lage |

13. Mengenangaben
    KGM    Kilogramm
    LTR    Liter
    MTK    Quadratmeter
    MTR    Meter
    MTQ    Kubikmeter
    NRL    Anzahle der Rollen
    PCE    Stück

14. Geldbetrag
    Angabe des Positionsbetrages, der sich aus Menge * Nettopreis zusammensetzt.
    Als Geldbetragsart Qualifier 66 verwenden: Positionsbetrag ohne Zu-/Abschläge

15. Preisangaben
    Angabe des Preises pro Einheit (siehe dazu 8.)
    AAA    Nettokalkulation
    AAB    Bruttokalkulation

    Preisart
    CT     Kontrakt
    CA     Katlog
    DPR    Reduzierter Preis
    PPR    Provisorischer Preis
    PRP    Aktionspreis
    RTP    Einzelhandelspreis
    SRP    Empfohlender Einzelhandelsverkaufspreis

16. Zu-/Abschläge zur Rechnungsposition
    Verechnungsarten:
    2      nicht in der Rechnung
    5      Geühr zahlbar durch den Verkäufer
    6      Gebühr zahlbar durch den Kunden

    besondere Dienste:
    AJ     Rechnungsberichtigung
    FC     Frachtgebühren
    QD     Mengenrabatt
    CAC    Barzahlungsrabatt
    PIE    Abholungszuschlag
    PDE    Palettenabschlag

17. Transporteinzelheiten (Art, Mittel, Identifikation)
    Transportart:
    10     See
    20     Bahn
    30     Straße
    40     Luft

18. Geldbetrag
    52   Skontobetrag
    79   Gesamtpositionsbetrag (Netto-Warenwert)
    86   Gesamtbetrag der Nachricht (Rechnungsendbetrag)
    125  Steuerpflichtiger Betrag (incl. Versandkosten)
    129  Gesamtbetrag unterliegt Zahlungskürzungen
    131  Gesamtzu-/abschläge

19. Arten von Zu-/Abschlägen
    PC   Verpackungszuschlag
    IS   Fakturierleistung
    FC   Frachtgebühren

    RAA  Rabatt (Sonder-; Lager-; Eigenbedarf-; Messe-; Sofort-)
    QD   Mengen-/Partierabatt
    AA   Werberabatt
    PI   Abholrabatt
    FA   Frachtvergütung
    WHE  auf die Kundennummer bezogener Rabatt

---

**Segmentzusammensetzung NAD-Segment**

|  |  | EDIFACT | EANCOM |
|---|---|---|---|
| 3035 | Beteiligter, Qualifier | M an..3 | M |
| C082 | Identifikation des Beteiligten | K | A |
| 3039 | Identifikation des Beteiligten | M an..17 | M |
| 1131 | Codeliste, Qualifier | K an..3 | N |
| 3055 | Verantwortliche Stelle für die Codepflege, codiert | K an..3 | R |
| C058 | Name und Anschrift | K | N |
| 3124 | Zeile für Name und Anschrift | M an..35 | |
| 3124 | Zeile für Name und Anschrift | K an..35 | |
| 3124 | Zeile für Name und Anschrift | K an..35 | |
| 3124 | Zeile für Name und Anschrift | K an..35 | |
| 3124 | Zeile für Name und Anschrift | K an..35 | |

| C080 | Name des Beteiligten | K | D |
|---|---|---|---|
| 3036 | Name des Beteiligten | M an..35 | D |
| 3036 | Name des Beteiligten | K an..35 | O |
| 3036 | Name des Beteiligten | K an..35 | O |
| 3036 | Name des Beteiligten | K an..35 | O |
| 3036 | Name des Beteiligten | K an..35 | O |
| 3045 | Name des Beteiligten, Format, codiert | K an..35 | O |
| | | | |
| C059 | Straße | K | D |
| 3042 | Staße und Hausnummer/Postfach | M an..35 | M |
| 3042 | Staße und Hausnummer/Postfach | K an..35 | O |
| 3042 | Staße und Hausnummer/Postfach | K an..35 | O |
| | | | |
| 3164 | Ort | K an..35 | D |
| 3229 | Region/Bundesland, Identifikation | K an..9 | D |
| 3251 | Postleitzahl | K an..9 | D |
| 3207 | Land, codiert | K an..3 | D |

### Segmentzusammensetzung LIN-Segment

| 1082 | Positionsnummer | K n..6 | R |
|---|---|---|---|
| 1229 | Art der Aktivität/Ankündigung, codiert | K an..3 | N |
| | | | |
| C212 | Waren-/Leistungsnummer, Identifikation | K | D |
| 7140 | Produkt-/Leistungsnummer | K an..35 | R n..14 |
| 7143 | Produkt-/Leistungsnummer, Art, codiert | K an..3 | R |
| 1131 | Codeliste, Qualifier | K an..3 | N |
| 3055 | Verantwortliche Stelle für die Codepflege, codiert | K an..3 | O |
| | | | |
| 5495 | Anzeige für Unterposition, codiert | K an..3 | D |
| 1222 | Unterpositionsebene | K n..2 | N |
| 7083 | Unterpositions-Zuordnung, codiert | K an..3 | D |

verwendete Statustypen:

| | |
|---|---|
| R | erforderliches Datenelement |
| A | empfohlenes Datenelement |
| D | von bestimmten Bedingungen abhängiges Datenelement |
| O | optionales Datenelement |
| N | nicht benutztes Datenelement |

### *Diplomarbeiten* Agentur

Die Diplomarbeiten Agentur vermarktet seit 1996 erfolgreich
Wirtschaftsstudien, Diplomarbeiten, Magisterarbeiten, Dissertationen
und andere Studienabschlußarbeiten aller Fachbereiche und Hochschulen.

**Seriosität, Professionalität und Exklusivität prägen unsere Leistungen:**

- Kostenlose Aufnahme der Arbeiten in unser Lieferprogramm
- Faire Beteiligung an den Verkaufserlösen
- Autorinnen und Autoren können den Verkaufspreis selber festlegen
- Effizientes Marketing über viele Distributionskanäle
- Präsenz im Internet unter **http://www.diplom.de**
- Umfangreiches Angebot von mehreren tausend Arbeiten
- Großer Bekanntheitsgrad durch Fernsehen, Hörfunk und Printmedien

Setzen Sie sich mit uns in Verbindung:

***Diplomarbeiten* Agentur**
Dipl. Kfm. Dipl. Hdl. Björn Bedey —
Dipl. Wi.-Ing. Martin Haschke ——
und Guido Meyer GbR ————

Hermannstal 119 k ————
22119 Hamburg ————

Fon: 040 / 655 99 20 ————
Fax: 040 / 655 99 222 ————

agentur@diplom.de ————
www.diplom.de ————

*Diplomarbeiten* Agentur

# www.diplom.de

- **Online-Katalog**
  mit mehreren tausend Studien

- **Online-Suchmaschine**
  für die individuelle Recherche

- **Online-Inhaltsangaben**
  zu jeder Studie kostenlos einsehbar

- **Online-Bestellfunktion**
  damit keine Zeit verloren geht

## Wissensquellen
## gewinnbringend nutzen.

## Wettbewerbsvorteile
## kostengünstig verschaffen.